BIENVENIDO A BUDAPEST

AF193861

Paprika.
Zaharov/Getty Images Plus

Llegar a Budapest

Desde Ferenc Liszt

El **Aeropuerto internacional Ferenc Liszt** está a 22 km al sureste del centro de la ciudad. Actualmente solo está operativa la **Terminal 2 (A y B)**. **Información** - www.bud.hu (en inglés).

Autobús y metro

El medio de transporte más barato. **Autobús 100E** directo a Deák Ferenc tér, por Kálvin tér y Astoria (1 h). 24 h/24. Sale cada 10 min, excepto entre las 00:00 h y las 03:30 h cada 30-40 min. Billete especial: 2200 Ft. **Autobús 200E** hasta la terminal Kőbánya-Kispest, después línea de metro M3 (azul) por Deák Ferenc tér, con salidas cada 8-12 min durante el día, cada 25 min por la tarde, entre las 04:00 h y las 23:00 h. Por la noche, la estación terminal es Határ út, desde donde salen los autobuses nocturnos 914, 914A, 950 y 950A hacia el centro de la ciudad. Gratuito con la Budapest Card *(ver recuadro)*; en caso contrario, 700 Ft (1,69 €; dos billetes). Puedes comprar billetes en el mostrador BKK del vestíbulo de llegadas de la Terminal 2 o en la app BudapestGo.

Minibús del aeropuerto

La forma más cómoda y sencilla de viajar por primera vez. Te lleva a cualquier punto de la ciudad, sin cargo adicional por equipaje. Salidas 24 h al día, 7 días a la semana. Reservar online con 24 h de antelación: ✆ (1) 550 0000 - www.minibud.hu. Compra de billetes en el mostrador del vestíbulo de llegadas. Pago en euros o *forint*. Las tarifas varían según los pasajeros: uno, aprox. 20 €; dos, 12 €/persona; tres, 9 €/persona…

Taxi

Főtaxi es la compañía autorizada del aeropuerto. Mostrador en el aeropuerto (quiosco amarillo). Precio: 10 000 Ft para llegar al centro de la ciudad; Puedes pagar en euros (aprox. 25 €). **Información** - ✆ (1) 222 2222 - www.fotaxi.hu (en inglés).

Metro, autobús y tranvías especiales

Información - www.bkk.hu (en inglés).
Horario - De 04:30 h a 23:50 h (servicio nocturno).
Tarifas - Billete: 450 Ft (600 Ft si compras al conductor - lleva efectivo).
Bonos recomendables:
Paquete 3 días - Válido para toda la red de transporte, incluido el nocturno: 5500 Ft.
Budapest Card - Válida para toda la red de transportes; entrada gratuita o descuentos en museos; 14990 Ft por 24 h, 19990 Ft por 48 h y 25990 Ft por 72 h. ☾ *pág. 114.*

Vista del Danubio y el Parlamento desde el Bastión de los Pescadores.
R. Mattes/hemis.fr

No puedes perderte

Los lugares más bonitos elegidos para ti

★★★ Parlamento de Budapest
Mapa C3 - pág. 38

★★★ Balneario Géllert
Mapa D7-8 - pág. 32

★★★ Museo de Bellas Artes
Mapa FG 1-2 - pág. 52

★★★ Barrio del Castillo
Mapa B4-5 - pág. 20

★★ Puente de las Cadenas
Mapa C5 - pág. 34

★★★ Castillo de Buda
Mapa C5 - pág. 14

★ Café New York
Mapa F5 - pág. 64

★★ Ópera Nacional
Mapa E4 - pág. 44

★★★ Balneario Széchenyi
Mapa G1 - pág. 54

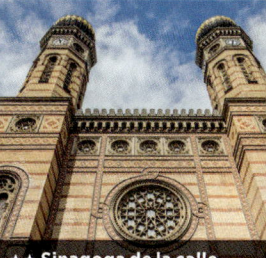

**★★ Sinagoga de la calle
Dohány** - Mapa E5 - pág. 62

Nuestros favoritos

💗 **Admira las vistas sobre el Danubio** desde la terraza del Castillo de Buda. O, más alto aún, desde la cúpula de la magnífica Galería Nacional Húngara, alojada en un ala del castillo. ☾ *pág. 17.*

💗 **Saborea el arte de la vida de los cafés húngaros,** con su grandeza anticuada y su aroma a la «vieja Europa». Uno de nuestros favoritos es el Ruszwurm Cukrászda, cuya decoración no ha cambiado desde 1827. Pero esto es solo una sugerencia; hay para todos los gustos. ☾ *pág. 90.*

💛 **Pasa un día en los balnearios.** Aguas termales curativas, piscinas relajantes, carriles para nadar, hammames, masajes. Lo más difícil será elegir a cuál ir según su ambiente: ¿oriental, rococó, más contemporáneo? ☾ *pág. 105.*

💗 **Vuélvete ecológico en el corazón de la ciudad**, en Isla Margarita, una isla sin coches ideal para pasar una tarde y pasear por el parque (a pie, en bicicleta o en rosaleda —cuatriciclo—) y darte un delicioso chapuzón en la piscina Palatinus, a orillas del Danubio. ☾ *pág. 70.*

💗 **Pasea por la tarde a orillas del Danubio**, donde turistas y aquicenses admiran el sol sobre Buda, sus puentes y su castillo. ☾ *pág. 61.*

💗 **Regálate un concierto en la Academia de música Franz Liszt** y admira la maravillosa decoración *art nouveau* mientras te dejas llevar por la música. Las mejores orquestas sinfónicas del país interpretan obras de Liszt, Bartók, Kodály y otros compositores extranjeros. ☾ *pág. 102.*

💗 **Visita uno de los mercados cubiertos** para abastecerte de productos frescos y tradicionales. El Mercado Central es el más grande e imponente, mientras que el Mercado

focusstock/Getty Images Plus

Vista del Danubio al atardecer.

El bar de las ruinas Szimpla Kert.

de Fény utca sigue siendo muy auténtico. ☞ *págs. 29 y 99.*

❤ **Visita los restos del comunismo en Memento Park.** Estatuas y monumentos masacrados han encontrado aquí su sitio. Marx, Engels y Stalin te esperan. ☞ *pág. 77.*

❤ **Recorre los edificios de la Secesión** y descubre decoraciones únicas. Mención especial merecen el Museo de las Artes Aplicadas y la Casa Lindenbaum, sin olvidar la bonita fachada de la Casa Bedő. ☞ *págs. 40, 46 y 60.*

❤ **Pasea y encuentra tu camino hasta la estatua de bronce.** Personaje, animal, ¡pueblan la ciudad! ☞ *por ejemplo págs. 66 y 74.*

❤ **Pasa un rato con los jóvenes de moda en el «bar en ruinas» de Erzsébetváros,** el antiguo barrio judío, donde los edificios abandonados durante la época comunista se han reconvertido en bares nocturnos para juerguistas. La decoración es tan sorprendente como el ambiente. ☞ *pág. 102.*

Budapest en 3 días

Día 1

▶ Por la mañana

Toma el funicular de Buda, al pie del Puente de las Cadenas, para subir al **Castillo de Buda**★★★ *(pág. 14)* y disfruta de la vista panorámica sobre la ciudad y el Danubio. En el interior, visita uno de los dos museos: la **Galería Nacional Húngara** ★★ *(pág. 17)* dedicada al arte húngaro desde el 1800 hasta nuestros días, o el **Museo de Historia de Budapest**★ *(pág. 18)* que recorre la historia de la ciudad.

▶ Por la tarde

Después de comer en el casco antiguo de **Várnegyed**★★★ *(pág. 20)*, justo al lado del castillo, pasea por las bonitas calles restauradas, sin olvidar la **Iglesia de Matías**★★ *(pág. 22)*, la más visitada de la ciudad, por su magnífico interior.

Funicular al Castillo de Buda.

Budapest con niños

Para que tus hijos no arrastren los pies mientras te siguen en tus rutas, planifica algunas actividades adaptadas a su edad: el **Balneario Széchenyi**★★★ *(pág. 54)*, el **Zoológico** *(pág. 54)* y la **pista de hielo** *(pág. 54)*, en Városliget; la **isla Margarita**★★ y sus actividades al aire libre (Margitsziget – *pág. 70*), ir de compras a la **calle Váci**★ *(pág. 58)* o el paisaje de **Memento Park**★ *(pág. 77)* o incluso el **Tren de los Niños** en las colinas de Buda *(pág. 76)*.

▶ Por la noche

Baja al **Puente de las Cadenas** ★★ *(pág. 34)*, crúzalo a pie para disfrutar de las vistas del Danubio y de Pest, luego cena en uno de los restaurantes del **curso del Danubio**★★ *(pág. 61)*.

Día 2

▶ Por la mañana

Descubre el centro histórico de Pest, empezando por el distrito de **Lipótváros**★★★ *(pág. 38)*, donde visitarás el **Parlamento**★★★ *(pág. 38)*, uno de los emblemas de la ciudad.

Al salir, pasea por este agradable barrio, con sus plazas arboladas y sus tiendas de antigüedades en la **Calle Falk Miksa** *(pág. 94)*.

▶ **Por la tarde**

Almuerza en uno de los muchos restaurantes del barrio de **Belváros★★** *(pág. 86)*, el otro corazón palpitante del centro histórico. Aprovecha para ir de compras, especialmente en los alrededores de **Váci utca★** *(pág. 58)*, pero no te quedes mucho tiempo si quieres visitar la **Sinagoga de la calle Dohány★★** *(pág. 62)*; cierra a las 18:00 h en verano.

▶ **Por la noche**

Al final de la tarde, continúa tu ruta por el antiguo barrio judío, **Erzsébetváros★** *(pág. 62)* y piérdete por las calles, repletas de juerguistas. Cena en uno de los restaurantes de moda del barrio antes de ir a uno de los *romkocsma* («bares de ruinas», *pág. 102*) para terminar la velada.

Día 3

▶ **Por la mañana**

Pasea por el bulevar **Andrássy★★** *(pág. 44)*, son los Campos Elíseos de Budapest. Dependiendo de tus intereses, puedes visitar la **Ópera Nacional★★**, la **Casa de los Fotógrafos Húngaros★**, el **Museo Franz Liszt★** o incluso el **Museo del Terror★★**, todos en la misma zona. Almuerza en **Liszt Ferenc tér** *(pág. 46)*, una gran plaza sombreada con numerosos cafés y restaurantes.

▶ **Por la tarde**

Toma el metro hasta la **Plaza de los Héroes** y visita el **Museo de Bellas Artes★★★** *(pág. 52)*, que alberga notables colecciones de pintura europea y de maestros húngaros. Luego dirígete al **Balneario Széchenyi★★★** *(pág. 54)*, uno de los complejos termales más grandes de Europa, en un entorno barroco.

▶ **Por la noche**

Cena en el distrito de la **Basílica de San Esteban★★** *(pág. 41)*, muy animado por la noche con sus numerosos bares y restaurantes. Una opción adecuada para los amantes de las artes escénicas que pueden llegar fácilmente al distrito de ocio, la **Avenida Andrássy** *(pág. 102)*, situado muy cerca. ¡Es tu oportunidad de regalarte un concierto o una ópera!

Día 4, en los alrededores

Aprovecha para descubrir museos más pequeños o lugares más insólitos, como el **Memento Park★** y sus estatuas monumentales de la época comunista *(pág. 77)*, el **cementerio Kerepesi★** y sus delirantes tumbas *(pág. 65)*, el **Museo de Arte Contemporáneo Ludwig ★★** y su trabajo en torno a la vanguardia húngara *(pág. 69)*. Más bucólicas, son las escapadas a la naturaleza, desde la **isla Margarita★★** *(pág. 70)* hasta las **colinas de Buda** *(pág. 76)*, especialmente tentadoras en verano, cuando el calor sofocante te ahoga en las callejuelas de la ciudad.

VISITAR BUDAPEST

El Bastión de los Pescadores.
tunart/Getty Images Plus

Budapest hoy

Nada más llegar a Budapest, uno empieza a preguntarse: ¿es esta «la perla del Danubio», la ciudad cuyos encantos y belleza alabábamos? ¿No hay demasiados coches, demasiado ruido, demasiados edificios deteriorados? Pero, entonces, nuestros ojos se agudizan y nuestra perplejidad se desvanece. La capital húngara es, en efecto, una ciudad de contrastes, y eso forma parte innegable de su encanto. Aquí conviven lujosos edificios nacidos del compromiso austrohúngaro con el esplendor de la Secesión, agujeros de bala, edificios ennegrecidos por la contaminación, espacios vacíos de edificios demolidos que nunca han sido reconstruidos, numerosos centros comerciales y edificios contemporáneos diseñados por arquitectos de renombre internacional.

Buda y Pest

Budapest es, sin duda, magnífica. Si tienes la suerte de que el taxi que te lleva hasta el hotel pasa a orillas del majestuoso **Danubio**, enseguida te darás cuenta de que la ciudad está dividida históricamente en dos partes muy diferenciadas: Buda, en la orilla derecha, y Pest, en la izquierda. Al oeste, las verdes **colinas de Buda** soportan el imponente **castillo**. Desde lo alto, la impresionante vista ayuda a entender por qué la panorámica del Danubio es Patrimonio de la Humanidad de la UNESCO. Muy cerca, el **distrito del Castillo (Várnegyed)**, con su magnífica **Iglesia de Matías** de azulejos vidriados, atrae a los turistas.

Es una de las pocas zonas de la ciudad que, aunque es encantadora, tiene un aire ligeramente artificial, con sus estrechas calles adoquinadas y sus monumentos impecablemente restaurados. Al otro lado del Danubio, **Pest** es la ciudad austrohúngara por excelencia.

Una ciudad en restauración

Pest escapa de la sensación de «ciudad museo» de otras capitales europeas. **Erzsébetváros**, por ejemplo, a pesar de contar con sinagogas muy bonitas, no ha sido objeto de una reconstrucción turística como barrio judío, igual que en Praga. Erzsébetváros sigue siendo un lugar vibrante, con una mezcla de flamantes edificios propiedad de inversores extranjeros y edificios antiguos, descoloridos, a veces ruinosos y abandonados, que se han transformado en los «bares en ruinas» que están de moda desde principios del año 2000.

Existe la sensación de que la ciudad, que estuvo aletargada durante un tiempo —el suficiente para salir de la agonía de la guerra y la dominación rusa—, tiene verdadera energía. Pero esta energía parece más lánguida que en otras capitales de Europa del Este: no hay una rehabilitación global de la ciudad, sino una multitud de iniciativas (a menudo privadas) que surgen por todas partes. La **Avenida Andrássy**, el barrio de la Ópera y los teatros, ha sufrido un completo lavado de cara. Lo mismo puede decirse de algunas zonas de **Belváros**, como Váci utca y

Deák Ferenc utca, donde las grandes marcas de lujo están acaparando solares con fachadas relucientes. Muy cerca de allí, la vida política, administrativa y empresarial se concentra en el excepcional conjunto arquitectónico de **Lipótváros**, un barrio en el que encontrarás un monumento, una estatua o un museo a cada paso. El imponente **Parlamento** neogótico es solo uno de los edificios construidos para competir con la eterna rival Viena. En otros lugares, la restauración de los edificios es más irregular. Pero no pierdas de vista la diversidad arquitectónica de Pest, que te sorprenderá.

Los placeres de Budapest

Pasar unas horas en los balnearios es una obligación. ¿Estás cansado o necesitas relajarte? Haz como los húngaros: ¡vete a un **balneario**! En la ciudad abundan las fuentes termales subterráneas, explotadas desde la época romana y elevadas a la categoría de arte de vivir durante la ocupación otomana. En un entorno que oscila entre el pomposo neobarroco y el más puro estilo otomano, pasarás de una terma a otra, del calor al frío. Una vez que te hayas resignado y abandones este remanso de bienestar, ¿por qué no darse un capricho comiendo uno de los famosos **pasteles** húngaros? Es la ocasión perfecta para respirar el ambiente de la «vieja Europa» en uno de los **cafés** de la capital. Estarás preparado para la noche que te espera. Para los amantes de la música

ZoltanGabor/Getty Images Plus

El Castillo de Buda domina el Danubio.

lírica, la Ópera es una visita obligada; el problema será elegir entre todas las demás, porque la música es la quinta esencia misma del alma húngara. En Budapest abundan los locales que ofrecen conciertos de música clásica, *jazz*, música tradicional y música gitana, pero sobre todo es un escenario dinámico para la música contemporánea. Prueba de ello es el **Sziget Festival**, que se celebra cada verano en la Isla de Óbuda. Así es Budapest: un lugar extraordinario, monumentos y estatuas por doquier, encanto de antaño y energía sorprendente. Ahora te toca vivirlo a ti.

Castillo de Buda★★★

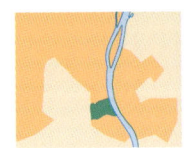

(Budai Vár)

Construido en el siglo XIII, ampliamente remodelado en tiempos de los Habsburgo y reconstruido tras la Segunda Guerra Mundial, este imponente castillo domina la colina que se eleva unos 50 m sobre el Danubio. Entre otras cosas, alberga la Galería Nacional Húngara, dedicada por completo al arte húngaro.

▶ **Cómo llegar:** 🚌 16, 16A, 105 Clark Ádám tér; 🚋 19, 41 Clark Ádám tér, luego escaleras o funicular o el autobús del Castillo de Budapest, que tiene cinco paradas en el barrio del Castillo (de 09:00 a 16:00 h - 6 000 Ft, incluido en la Budapest Card).
Plano del barrio pág. 16. Mapa extraíble C5.
▶ **Consejo:** si planeas visitar varios museos o sitios, opta por la Budapest Card (ⓒ *pág. 114*).
ⓒ *Nuestras sugerencias, págs. 82, 94 y 100.*

Funicular
(Sikló)
De 07:30 a 22:00 h a 5000 Ft.
Desde 1870 une Clark Ádám tér con el castillo. Destruido durante la Segunda Guerra Mundial, fue reconstruido idénticamente en 1983, con sus vagones de madera rojos y amarillos.

Plaza György Szent
(Szent György tér)
Esta plaza se extiende frente a la entrada principal del castillo. A la derecha se encuentra el **Palacio Sándor (Sándor palota)** de estilo neoclásico que alberga el despacho y la residencia del presidente de la República. El **relevo de la guardia** tiene lugar frente al palacio cada hora, de 09:00 a 17:00 h.
Al lado, el **Teatro del Castillo (Várszínház)**, su fachada de estilo clásico, era antiguamente un convento carmelita que se disolvió en 1782 y más tarde fue remodelado. Las representaciones del Teatro Nacional de Danza que antaño se ubicaba aquí, se celebran en el parque **Millenáris** desde 2019 (ⓒ *pág. 29*). El edificio, ahora restaurado, es la residencia del primer ministro.
Frente a él hay ruinas que datan de la época medieval.

Exterior del castillo
Un ave rapaz con las alas extendidas y una espada en las garras parece intentar alzar el vuelo desde un pilar de la puerta neobarroca que cierra el castillo. Se trata del mítico **turul** (pronunciado *tourul*), emblema de las tribus magiares.
La fachada barroca del Palacio Real se extiende a lo largo de más de 300 m con vistas al Danubio.

En el centro, una cúpula descansa sobre un conjunto de columnas gemelas. En la amplia terraza se encuentra la **estatua ecuestre de Eugenio de Saboya (Savoyai Jenő szobor)**, uno de los libertadores de los turcos. Sobre el pedestal hay dos escenas de la batalla de Zenta (1697). Continúa este paseo hasta llegar al saliente que domina el río: las **vistas★★** son espectaculares, de izquierda a derecha, con la Isla Margarita, el Parlamento, el Puente de las Cadenas,

la Basílica de San Esteban, el Puente Isabel, el Puente de la Libertad y, a lo lejos, la Colina Gellért, la Ciudadela y el Monumento a la Liberación.
En la parte de abajo (escaleras), los **jardines del castillo (Vtienerkert)** son accesibles al público. Se inauguraron a finales del siglo xix, devastados por los bombardeos de la Segunda Guerra Mundial y transformados en un «parque de la juventud» durante la época comunista, han recuperado su esplendor y hoy albergan varios espacios

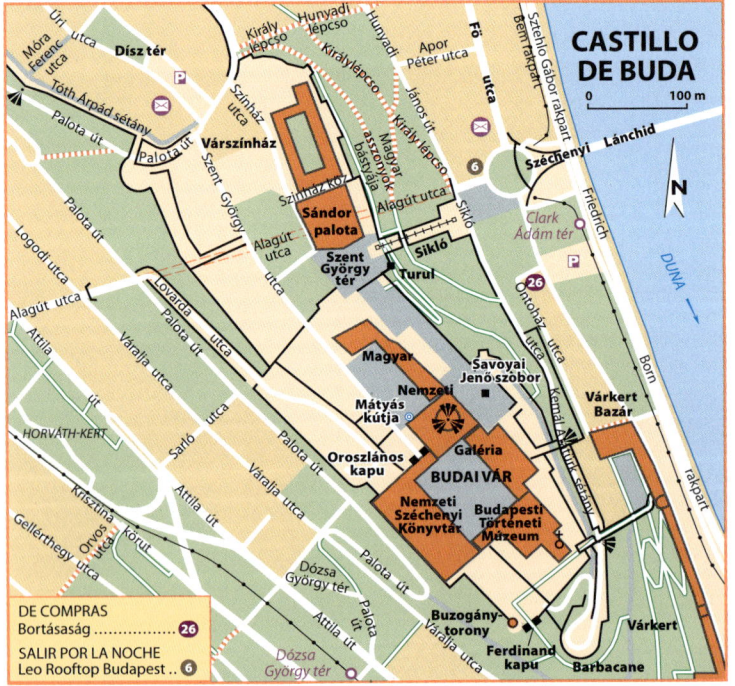

Construcción del castillo

Bela IV, rey de 1235 a 1270, decidió construir allí una fortaleza para advertir a Buda de la invasión mongola. El castillo se amplió durante el reinado de Segismundo de Luxemburgo (1387-1437), pero fue principalmente con Matías Corvino o **Matías I** (1458-1490) cuando alcanzó su apogeo. Este brillante rey, letrado, humanista, la convirtió en meca del arte y la ciencia, con adornos de estilo renacentista. Más tarde, el asedio en 1686 para expulsar a los invasores turcos provocó la destrucción del castillo. En los siglos XVIII y XIX, los **Habsburgo** quisieron convertirla en una residencia real. María Teresa de Austria fue la primera en levantar imponentes edificios barrocos, después Francisco José confió a Miklós Ybl y Alajos Hauszmann, en 1890, la tarea de remodelar el edificio en estilo neobarroco. De hecho, el rey hizo raras estancias allí.

y edificios, entre ellos el **Bazar del Jardín del Castillo★ (Várkert Bazár)**, construido por el arquitecto Miklós Ybl en estilo neorrenacentista, hoy renovado y abierto para exposiciones temporales *(www.varkertbazar.hu - todos los días excepto lu. de 10:00 a 17:30 h - 3500 Ft - información en el quiosco acristalado enfrente de la Galería NacionalHúngara - otro acceso posible desde el muelle: Ybl Miklós tér 2-6 -* Tram *19)*.

Toma el pasaje a la derecha de la entrada de la Galería Nacional Húngara. El principal atractivo de la plaza (estatua de un novio en el centro) es la **Fuente del rey Matías★ (Mátyás-kútja)**. No te lo puedes perder. Este grupo escultórico de bronce, obra de Alajos Stróbl (1904), representa al rey en una escena de caza y se inspiró en una balada de Mihály Vörösmarty, un poeta romántico del siglo XIX, en la que Matías conoce a una bella joven, Ilonka, mientras está de caza.

A la izquierda, tras la fuente, se accede al patio interior por la **Puerta de los Leones (Oroszlános kapu)**, cuya entrada está custodiada por dos leones de piedra. Párate en medio de este hermoso patio para apreciar la majestuosidad de los edificios que lo rodean, incluida la **Biblioteca Nacional Széchenyi (Nemzeti Széchenyi Könyvtár)**. Al final del patio, cruza el pasillo del **Museo de Historia de Budapest** (*pág. 18*) y baja la escalera que conduce a las murallas meridionales y a la **Torre Buzogány (Buzogány-torony)**, vestigio de las fortalezas medievales. Puedes salir del recinto del castillo por la **Puerta de Fernando (Ferdinand kapu)**, excavada en la muralla y contempla la **barbacana**, una estructura semicircular construida en los siglos XIV y XV.

Galería Nacional Húngara ★★

(Magyar Nemzeti Galéria)

Szent György tér - (1) 201 9082 - www. mng.hu - de ma. a do. de 10:00 a 18:00 h (acceso a la cúpula incluido) - 5200 Ft; incluido en la Budapest Card - opción de audioguía.

☺ La colección de obras de la Edad Media a finales de siglo XVIII fue transferida al Museo de Bellas Artes (*pág. 52*).

Finalmente la Galería Nacional
Húngara debería trasladarse al
museo en el Parque de la Ciudad
(Városliget), pero las obras aún no
habían comenzado cuando se escribió
esta guía.
Este museo está dedicado al arte
húngaro desde el 1800 hasta hoy.
Entre los pintores del siglo XIX
destacan **Mihály Munkácsy** (1844-
1900) y **László Paál** (1846-1879), que
mantuvieron una estrecha amistad.
El primero estudió en Berlín, Múnich
y París. *Último día de un condenado*
es un cuadro realista y dramático,
mientras que *Mujer con haz de leña*,
pintado durante una estancia en
Barbizon, es más lírico. Este último
recibió una gran influencia de la
escuela de Barbizon y expresó su
arte sobre todo en la pintura de
paisajes *(Sendero en el bosque de
Fontainebleau, Paisaje con vacas)*.
De **Pál Szinyei Merse**, se puede ver
Almuerzo sobre la hierba, tema tratado
a menudo por los impresionistas. El
museo también alberga obras sobre
temas históricos, como el *Bautismo de
Vajk* (el futuro rey Esteban I), de **Gyula
Benczúr**.
Además, el museo acoge exposiciones
temporales.
😊 Si el día está despejado, sube a la
cúpula. Bajo la cúpula restaurada hay
terrazas que ofrecen una **vista**★★ de
360° de Budapest (acceso desde la
tercera y última planta del museo).

18

Museo de Historia de Budapest★

(Budapesti Történeti Múzeum)
*Szent György tér 2 - 📞 (1) 487 8800 -
www.btm.hu - todos los días excepto
lu. de 10:00 a 18:00 h - 2800 Ft;
incluido en la Budapest Card.*
Budapest a través de los tiempos
puede resumir el contenido de este
museo. La prehistoria, la antigüedad,
la Edad Media, la época moderna y la
construcción del castillo se recorren
a través de una serie de salas en las
que se exponen varias colecciones:
hallazgos de excavaciones, joyas,
cerámicas, objetos de la vida cotidiana,
etc. Destaca la **Sala de esculturas
góticas** *(planta baja)*, en la que se
exponen algunas estatuas de piedra
caliza de gran belleza (toma un plano
en la entrada de la sala para seguir
la numeración). La visita de la parte
inferior y los sótanos de este castillo
medieval permite descubrir bellas
salas con bóvedas de crucería, como
el imponente Gran Salón con su estufa
de azulejos, la mayoría de las cuales
datan de la época de Segismundo
de Luxemburgo, rey de 1387 a 1437.
Otro punto interesante de la visita es
la **Capilla Real**, construida en el siglo
XIV durante el reinado de los Anjou.
Iluminada por tres ventanales, alberga
en el centro un retablo de tres cuerpos.

Várnegyed★★★

(Barrio del Castillo)

Después de un paseo por los jardines del castillo para disfrutar
de las vistas que ofrece o de una visita a un museo, un paseo por el casco antiguo
es ideal, deteniéndote aquí o allá para contemplar un escaparate, una fachada
o un monumento. Si tienes hambre, hay muchas opciones para elegir entre
vendedores ambulantes y puestos de comida callejera.

▶ **Cómo llegar:** 🚌 16, 16A, 116 Dísz tér; 🚋 19, 41 Clark Ádám tér, luego escaleras o
funicular (👁 *pág. 14*); Ⓜ 2 Széll Kálmán tér.

Plano del barrio al lado. Mapa extraíble AB2-5.

▶ **Consejo:** si planeas visitar varios museos o sitios, opta por la Budapest Card
(👁 *pág. 114*).

👁 *Nuestras sugerencias, págs. 82, 90, 100 y 108.*

Tárnok utca
(Calle del Tesorero)

Calle comercial en la Edad Media
(mercaderes alemanes), la Calle del
Tesorero (en alusión al gran tesorero
del rey) está bordeada de hermosas
casas con fachadas pintadas, con
ménsulas o decoradas con elementos
barrocos.
Hay tiendas de *souvenirs*, de
bordados, cafés... No cabe duda de
que se trata de una calle turística.
Algunas fachadas, como la del **n.º 14**
(Café Tárnok). Esta casa data de los
siglos XIV y XV, y fue restaurada en la
década de 1950.

Museo de la Farmacia
(Arany Sas Patikamúzeum)

*Tarnok utca 18 - 📞 (1) 375 9772 - www.
semmelweismuseum.hu - de marzo
a octubre: todos los días excepto lu.
de 10:00 a 18:00 h; de noviembre a
febrero de ma. a vi. de 10:00 a 16:00 h,*
*sá. y do. y días festivos de 10:00 a
18:00 h - 2000 Ft.*

Una antigua casa de mercaderes
del siglo XV se convirtió a mediados del
siglo XVIII en la Farmacia Arany Sas
(del Águila Real, como recuerda el letrero
de hierro forjado sobre la puerta). Hoy,
este pequeño museo expone objetos,
frascos e instrumentos farmacéuticos de
los siglos XVI al XIX. Destacan dos salas:
la reconstrucción de una botica del
siglo XVIII y un laboratorio que recuerda
más bien a la guarida de un alquimista.
Un poco más adelante en Tárnok utca,
mira a la izquierda hacia **Balta köz**, el
pasaje del Hacha, un degolladero de la
Edad Media.

Szentháromság tér
(Plaza de la Trinidad)

La plaza principal del barrio del
Castillo debe su nombre a la **Columna
de la Trinidad★ (Szentháromság
szobor)** que adorna su centro. Este
monumento barroco fue erigido en el

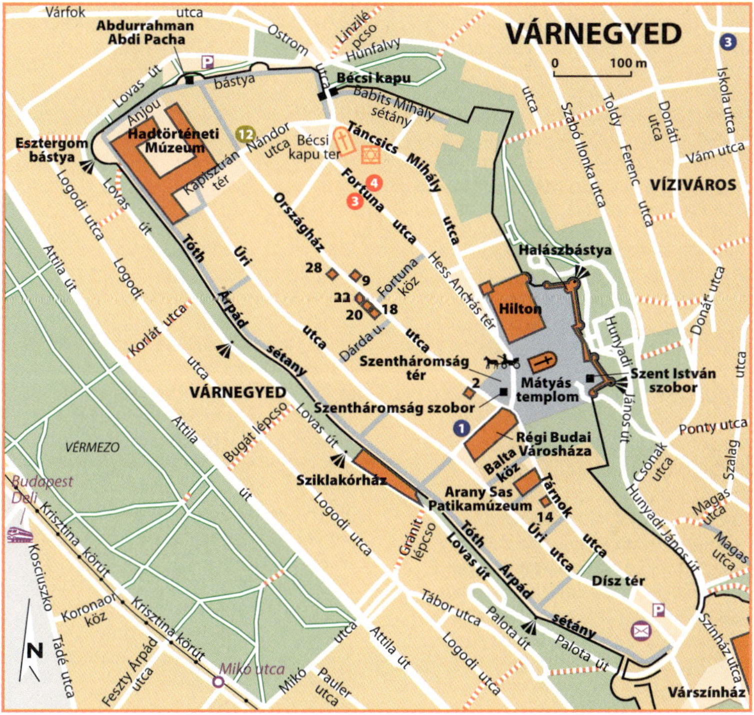

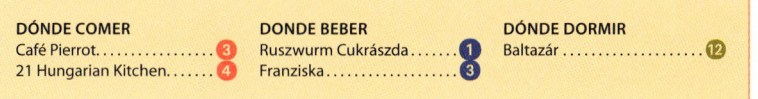

DÓNDE COMER
Café Pierrot. . . . . ❸
21 Hungarian Kitchen. . . . . . . ❹

DONDE BEBER
Ruszwurm Cukrászda . . . . . . ❶
Franziska . . . . ❸

DÓNDE DORMIR
Baltazár . . . . ⑫

Los nichos góticos

En varias calles del barrio del Castillo, es interesante entrar bajo un porche abovedado para ver «nichos de asientos» en arcos apuntados trebolados (a menudo en grupos de tres). A primera vista parecen sillerías de piedra como las que existían en las iglesias medievales, que eran utilizadas por los canónigos. También es algo curiosa su presencia en casas burguesas. En **Úri utca** (⟲ *pág. 28*), se pueden ver en los n.ᵒˢ 31, 32, 34 y 42. Se proponen varias interpretacione: se utilizaban para exponer mercancías, donde los sirvientes esperaban a sus amos, o eran fruto de la moda, cada uno tratando de impresionar a su vecino.

siglo XVIII para recordar las epidemias de peste de los siglos XVII y XVIII. En aquella época era costumbre que los supervivientes alzaran un monumento a la gloria de Dios para agradecerle su salvación.

A la derecha de la plaza aparece la Iglesia de Matías con su campanario, un auténtico encaje de piedra, y sus tejados vidriados. En la esquina de Szentháromság utca, un palacio barroco construido a finales del siglo XVII por un arquitecto italiano, albergaba el **antiguo Ayuntamento de Buda (Régi Budai Városháza)**. Sobre lo que antiguamente era una capilla se alza un pináculo con un reloj. En la misma esquina, en un nicho debajo de un mirador, está la estatua de Atenea, protectora de la ciudad. La diosa sostiene en su mano derecha un escudo tallado con el escudo de armas de Buda. Al otro lado de la plaza, un edificio neogótico albergaba el Ministerio de Hacienda.

Iglesia de Matías ★★
(Mátyás templom)
Szentháromság tér - ☎ (1) 355 5657 - www.matyas-templom.hu - de lu. a vi. de 09:00 a 17:00 h; sá. de 09:00 a

12:00 h; do. de 13:00 a 17:00 h - 2900 Ft.
La iglesia se llamaba originalmente Notre-Dame-de-l'Assomption. Adoptó su nombre actual en el siglo XIX, en honor del rey **Matías Corvino**, que amplió el edificio, y también por su matrimonio, celebrado aquí por primera vez en 1461 con Catalina de Podébrady, princesa de Bohême, y una segunda vez en 1476 con Beatriz, hija del rey Fernando de Aragón de Nápoles.

En el siglo XIII, el rey Bela IV ordenó construir una basílica de tres naves en el lugar donde había una iglesia dedicada a la Virgen. En 1309, Carlos Roberto de Anjou fue coronado rey aquí (tras haber sido coronado en Székesfehérvár, según la tradición, por el obispo de Esztergom).

El edificio adquirió sus dimensiones actuales durante los reinados de Segismundo de Luxemburgo en el siglo XIV y de Matías en el siglo XV, quienes añadieron la torre sur.

Los turcos, dueños de Buda en 1541, destruyeron el mobiliario cristiano, transformaron la iglesia en mezquita y cubrieron sus paredes con alfombras. Liberada en 1686 por los ejércitos cristianos, Notre-Dame fue entregada a los jesuitas por el rey Leopoldo I. Este último la dotó de elementos barrocos.

En 1867, el emperador austríaco Francisco José I y su esposa Isabel (Sissi) fueron coronados reyes de Hungría. Franz Liszt compuso la *Misa de Coronación* para este evento, que dirigió él mismo.

El rey decidió entonces dar a la iglesia un aspecto gótico. Se encargaron las obras a un arquitecto, Frigyes Schulek, y duraron veinte años. Tras la Segunda Guerra Mundial, las obras de reconstrucción duraron otros veinte años. Hoy en día, el edificio ha recuperado su antiguo esplendor y es uno de los lugares más visitados de la capital.

Exterior

En la fachada principal, la **Torre Matías**, de 80 m de altura, se eleva hacia el cielo. Cuadrangular en la base, se vuelve octogonal en los niveles superiores y remata en un capitel de piedra. A la izquierda del portal, la **Torre Bela**, de menor tamaño, es de estilo románico.

La portada principal está coronada por un tímpano que representa a la Virgen con el Niño y dos ángeles. Los tejados de la iglesia están cubiertos con bellas tejas policromadas vidriadas. En el siglo xv, este tipo de tejado era común.

El portal sur (a la derecha), o **Puerta de María**, data de la época de Luis I el Grande. En el frontón, un bajorrelieve, la *Dormición de la Virgen*, representa a la Virgen arrodillada entre los apóstoles. En lo alto de la bóveda, Dios reina sobre el mundo con la corona real y el globo terrestre. A cada lado de la puerta, estatuas de San Esteban y San Ladislao.

Interior

Entra por la *Puerta de María*. Una vez cruces la puerta, te recibe una verdadera profusión de pinturas. Las bóvedas, muros y pilares están muy decorados con motivos geométricos y vegetales de estilo neomedieval. En la nave, las banderas de las distintas provincias de Hungría recuerdan la coronación de 1867. El altar mayor neogótico del coro presenta una estatua de la Virgen María en una mandorla iluminada por rayos dorados. En el púlpito están representados los cuatro evangelistas y los padres de la Iglesia.

Camina alrededor de la iglesia empezando a la izquierda del coro.

Pasaje en el barrio del Castillo.

24

Capilla de San Ladislao - Frescos sobre la vida del santo, caballero y rey del siglo xi, pintados por Károly Lotz.

Capilla de la Trinidad - Contiene los sarcófagos del rey arpadiano Bela III y de su esposa, Inés de Châtillon.

Capilla de San Emerico - Retablo de tres paneles. En el panel central, el príncipe San Emerico está rodeado por su padre, San Esteban, y su tutor, el obispo San Gerardo.

Pila bautismal - Este bello conjunto esculpido en piedra consta de una pila sostenida por cuatro columnas, adornada con un león en la base y protegida por una tapa de bronce.

Capilla de Loreto - Cerrada por una hermosa puerta de hierro forjado, esta capilla está enteramente dedicada al culto de la Virgen María. Presenta una estatua de mármol rojo de la Virgen con el Niño, que lleva la corona imperial de Austria.

Museo de Arte Sagrado (Egyháztörténeti Gyűjtemény) – Escalera de la capilla a la derecha del coro. Primero cruza la cripta (sarcófago de mármol rojo que contiene huesos de los reyes de la dinastía Árpád encontrado en Székesfehérvár, escudo de los caballeros de la orden de Malta) antes de subir a la capilla de San Esteban (busto de Isabel, llamada Sissi, de mármol de Carrara en la entrada) que expone el busto relicario del santo. Las vidrieras representan a los santos y beatos de Hungría.

Una escalera de caracol sube al oratorio real en el que se presenta la Santa Corona de Hungría mediante fotografías y paneles explicativos (en inglés y alemán). A continuación, una galería expone vestimentas sacerdotales y objetos de arte sacro (cálices, patenas, custodias...).

Estatua de San Esteban
(Szent István szobor)

Esta estatua de bronce, del escultor Alajos Stróbl (1856-1926), se encuentra frente al Bastión de los Pescadores. El primer rey de Hungría, Esteban I, está representado sobre su caballo, ataviado con su manto de coronación, luciendo la corona sagrada y sosteniendo en su mano derecha la doble cruz apostólica que simboliza la conversión del país al cristianismo. El halo que rodea su cabeza alude a su canonización en 1083. El imponente pedestal neorrománico es un bello ejemplo de piedra caliza esculpida. Los bajorrelieves muestran escenas importantes de su reinado.

25

Bastión de los Pescadores ★
(Halászbástyas)

Detrás la Iglesia Matías - www.fishermansbastion.com - Accesible la mayor parte del recinto las 24 h del día - acceso gratuito en las torres más altas desde mediados de marzo a finales de abril, de 09:00 a 19:00 h; de principios de mayo a mediados de octubre, de 09:00 a 20:00 h - 1200 Ft.

Construido entre 1895 y 1902, el Bastión de los Pescadores es un conjunto neorrománico de murallas y torreones que recuerda a un castillo de cuento de hadas. El origen de su nombre es incierto: se cree que deriva o bien del mercado de pescado que se celebraba cerca en la Edad Media, o bien de la existencia de cofradías de pescadores que participaron activamente en la defensa de la ciudad desde las murallas originales.

Este complejo se construyó para celebrar el milenio de la ciudad en 1896; nunca se utilizó como estructura defensiva. Las siete torretas simbolizan las siete tribus magiares (húngaras), y cada jefe está representado por una estatua. El paseo de la muralla es una visita obligada. Los visitantes acuden aquí por las **vistas★★** del Danubio y de Pest al otro lado. Bajo las arcadas, puedes sentarte en un café y disfrutar de la espectacular panorámica. Es interesante la vista de los coloridos tejados de la Iglesia de Matías desde el bastión.

Continúa hasta el final de la muralla, que se refleja en la fachada de cristal tintado del Hotel Hilton. Una escalera doble conduce a los Vízivárós *(☞ pág. 34)*.

Hotel Hilton

Este hotel se construyó en el emplazamiento de un convento dominico, y su moderno diseño destaca sobre el entorno histórico protegido. En el muro de la Torre de San Nicolás de la antigua iglesia, observa el bajorrelieve en honor a **Matías Corvino** (es una copia, ya que el original está en el Castillo de Ortenburg, en Bautzen, Alemania). El rey aparece en el trono, con un cetro en la mano. Dos ángeles sostienen la corona real sobre su cabeza. Hay que entrar en el vestíbulo del hotel para acceder a los restos de la abadía y su iglesia (vista aérea del Parlamento, el Bastión de los Pescadores y el barrio del Castillo).

Táncsics Mihály utca ★★
(Calle Mihály Táncsics)

Un periodista dio su nombre a esta calle de hermosas casas con coloridas fachadas barrocas o neoclásicas. **Mihály Táncsics** (1799-1884) fue un héroe de la lucha por la independencia nacional y un ferviente partidario de la emancipación de los siervos.

Puerta de Viena ★
(Bécsi kapu)

La Puerta de Viena, que fue la segunda puerta más importante de la ciudad, se reconstruyó en 1936 para conmemorar el 250 aniversario de la liberación de Buda. Una placa en el interior de la puerta rinde homenaje a los soldados de diversas nacionalidades que dieron su vida en la lucha por liberar la ciudad del yugo otomano. El **Monumento a la Reconquista de Buda** (1936), que muestra un ángel en forma de mujer blandiendo la doble cruz apostólica, simboliza la victoria de los ejércitos cristianos unidos por el papa Inocencio XI.

Fortuna utca ★★
(Calle Fortuna)

Otra calle típica del barrio del Castillo, con sus casas y fachadas cargadas de historia.

Országház utca
(Calle Országház)

Vía principal en la Edad Media, la «calle del Parlamento» lleva este nombre desde 1790, cuando el Parlamento se reunía en un antiguo convento de clarisas en el n.º 28, hoy uno de los edificios de la Academia Nacional de Ciencias. Varias casas tienen rasgos góticos **(n.ºˢ 2, 9, 18, 20 y 22)**.

Museo de Historia Militar★
(Hadtörténeti Múzeum)
Tóth Árpád Sétány 40 - ℘ (1) 325 1600 - www.militaria.hu - todos los días excepto lu. de 09:00 a 17:00 h - museo: 2000 Ft.

Una hilera de cañones marca el lugar, y un antiguo cuartel construido en 1830 sirve de telón de fondo.

¿Qué puedes encontrar en un museo militar? Obviamente armas, uniformes, condecoraciones, etc. Este museo no es una excepción a la regla. Sin embargo, también es interesante el papel que tuvo Hungría en las misiones de buenos oficios, particularmente durante la guerra de Vietnam. En el primer piso, la Revolución húngara y la guerra deIndependencia encuentran su lugar, así como la Segunda Guerra Mundial y el levantamiento de octubre de 1956, en una palabra todos los acontecimientos históricos que involucran al ejército nacional.

Úri utca★★
(Calle Úri)
Pasea por la calle más larga del barrio del Castillo y verás las fachadas barrocas de una sucesión de elegantes residencias, que dan a la calle un marcado aire residencial. Aquí todo es tranquilidad y confort.

Tóth Árpád sétány★
(Paseo marítimo de Tóth Árpád)
El paseo marítimo, que se extiende desde el Bastión de Esztergom a lo largo de las murallas medievales hasta **Dísz tér**, es conocido sobre todo por las **vistas** que ofrece de los barrios occidentales de Buda, desde las colinas del mismo nombre hasta la Colina Gellért.

En el **Bastión de Esztergom (Esztergom bástya)** ondea la bandera nacional que simboliza el fin de la ocupación turca. Desde aquí, la **vista** se extiende a una parte de Buda y, al fondo, al Monte János.

Un poco más lejos, por el Bastión de Anjou, tras otra hilera de cañones, la tumba rematada con un turbante es la de **Abdurrahman Abdi Pasha**, último gobernador de Buda. Murió a los 70 años mientras defendía la ciudad contra los soldados de los Habsburgo. Este monumento se erigió como medio de reconciliación por iniciativa de la familia de un soldado húngaro caído, György Szabó. La inscripción en húngaro y turco decía: «Era un enemigo heroico, que en paz descanse».

Hospital en la Roca
(Sziklakórház)
Lovas út 4/C - ℘ 707 01 01 01 - www.sziklakorhaz.eu - visita en inglés, cada hora, de 10:00 a 19:00 h - 9400 Ft.

Durante la Segunda Guerra Mundial, y de nuevo durante la Revolución de 1956, las numerosas cuevas bajo Castle Hill albergaron un asombroso hospital subterráneo de 4 km de longitud, que llegó a tratar hasta 200 heridos. Aquí se pueden ver las cocinas, el quirófano, los dormitorios, la enfermería y un refugio antiaéreo que, afortunadamente, nunca se utilizó. Una visita insólita.

Széll Kálmán tér
(Plaza Kálmán Széll)

Mapa extraíble A3 - Ⓜ *2 y* 🚃 *4, 6, 19, 56, 56A, 59, 61 Széll Kálmán tér.*
Hasta el 2012, esta plaza, sobre y bajo la que cruzan numerosas líneas de transporte público, se conocía como **Moszkva tér** (Plaza de Moscú). Sinónimo de ingenio, comercio y supervivencia para toda una generación de habitantes de Budapest, el lugar se sometió a una renovación total en 2016, y solo el techo del pabellón del metro conserva su encanto setentero. Funcional, contemporánea y adornada con una fuente, la plaza encarna la nueva modernidad urbana de la capital. Vete a la calle Dékán y después a la calle Fény. Más al norte hay un verdadero **mercado cubierto** público *(de lu. a vi. de 06:00 a 18:00 h; sá., de 06:00 a 14:00 h)*, un lugar muy interesante para comprar, más que el enorme y turístico Mercado Central (Vásárcsarnok) - 👁 *pág. 68)*. Bajo un gran techo acristalado, los vendedores ofrecen verduras y frutas recogidas esa misma mañana, como fresas grandes, carnosas y perfumadas que raramente se ven en otro lugar (en mayo). Sube al entresuelo, donde encontrarás una charcutería tradicional, con embutidos, salchichas, *foie gras*, especias y mucho más. Aprovecha para degustar productos desconocidos o haz una pausa en uno de los pequeños restaurantes.
Más al norte, en la calle Lövőház, la época cambia en el gran **centro comercial Mammut**. Marcas de todo el mundo llenan los puestos. El último piso está lleno de restaurantes, por lo que tendrás muchas opciones para elegir.

Millenáris
Mapa extraíble A2-3 - *Fény utca 20-22* - Ⓜ *2 y* 🚃 *4, 6, 19, 56, 56A, 59, 61 Széll Kálmán tér.*
Los antiguos edificios de esta zona industrial se han rehabilitado para convertirlse en un complejo cultural y hoy se encuentran junto a construcciones modernas, en medio de un parque ajardinado muy agradable. El **Teatro Nacional de Danza** (Nemzeti Táncszínház), que durante un tiempo ocupó el Teatro del Castillo (👁 *pág.14)*, se ha instalado en una antigua fábrica con una nueva fachada de cristal y una gran marquesina de madera, y alberga una cafetería abierta fuera de las horas de representación (👁 *pág. 100)*.

Colina Gellért★★

(Gellérthegy)

Entre el Puente Isabel y el Puente de la Libertad, la Colina Gellért es uno de los lugares simbólicos de la margen derecha. Esta colina boscosa se eleva a una altitud de 235 m. En el siglo xix, sus laderas se cubrieron de viñedos que fueron arrasados por la filoxera. Según la leyenda, la Colina Gellért era un lugar muy popular entre brujas y magos que se reunían allí en las noches de sábado. Históricamente lleva el nombre del obispo Gellért. Al pie de la montaña, varias fuentes termales abastecen los balnearios de Gellért y de Rudas, otros dos lugares emblemáticos de Buda.

▶ **Cómo llegar:** Ⓜ 4 Szent Gellért tér; 🚊 19, 41, 47, 48, 56, 56A Szent Gellért tér; para llegar a pie desde Pest, cruzar el Puente de la Libertad.

Mapa extraíble CD6-7.

☛ *Nuestras sugerencias, págs. 84, 90 y 101.*

Puente de la Libertad ★★

(Szabadság Híd)

D7 Junto al Puente de las Cadenas, es uno de los puentes más sorprendentes de la ciudad. Restaurado, recoloreado y realzado, este monumento de 331 m de luz es un buen ejemplo de arquitectura metálica. Llamado «Puente Francisco José», fue inaugurado en 1896 por el propio emperador. Tomó su actual nombre simbólico en 1946, año de su reconstrucción. El pájaro mítico, el *turul*, adorna las cuatro torres que coronan los pilares del puente. En cada

Los fuegos artificiales del 20 de agosto

Este día es **festivo** en todo el país. Los húngaros rinden homenaje a su primer rey, Esteban I. En Budapest, tradicionalmente, los fuegos artificiales se lanzan desde la Colina Gellért, normalmente alrededor de las 21:00 h. Un gran día para los habitantes de Budapest que, a partir de las 18:00 h, comienzan a invadir con sus familias las orillas del Danubio, especialmente la margen izquierda del lado de Pest, y los puentes. Al ver los autobuses desparramando sus oleadas de pasajeros desde los barrios más alejados, no cabe duda de que todos esperaban este día, tanto niños como padres. A la hora exacta, se apagan las luces y la **Colina Gellért** estalla en llamas, al igual que el Monumento a la Liberación. La representación dura aproximadamente media hora, un hermoso espectáculo, con una feliz sucesión de pinturas multicolores saludadas por vítores y bravos. Luego se oscurece por un breve momento, todo vuelve a iluminarse y poco a poco la marea humana retrocede, esperando el siguiente 20 de agosto.

extremo, los arcos llevan las armas de Hungría rematadas con la corona sagrada.

Balneario Gellért★★★
(Gellértfürdő)
D7-8 - *Kelenhegyi Utah 4-6 -* 📞 *pág. 105.*
Independiente del Hotel Gellért *(hotel cerrado por reformas hasta 2027)* el complejo incluye un gran balneario y termas. Su arquitectura de **estilo Secesión** es un espectáculo para la vista. Dentro del balneario, la piscina sustituyó en 1934 al invernadero del hotel. Bajo la cúpula de metal y cristal, que se abre en verano, la piscina está rodeada por columnas retorcidas decoradas con motivos florales. Estas columnas sostienen un entresuelo-promenor, a su vez adornado con plantas verdes y pilares revestidos de cerámica de Zsolnay. Al final de la piscina, dos pequeñas puertas dan acceso a la terma masculina *(férfiak)* y a la terma femenina *(nők)* que ahora son mixtas. En estos baños se pueden admirar los mosaicos azules, medallones, querubines y fuentes al puro estilo *art déco*.

Iglesia en la Roca
(Sziklatemplom)
D7 - *Szent Gellért rakpart 1 -* 📞 *(20) 775 2472 - todos los días excepto do. de 09:30 a 19:30 h - 1000 Ft, audioguía incluida.*
Construida en 1926 siguiendo el modelo de la gruta de Lourdes, esta iglesia acogió a la comunidad cristiana húngara de la orden paulista hasta 1951, cuando los monjes fueron encarcelados por los comunistas y la

gruta se cerró. Rehabilitado en los años 90, ahora se celebran allí misas todos los días.

Estatua de la Libertad
(Szabadság szobor)
C7 Sobre una base de piedra caliza, una mujer (14 m de altura) en actitud muy digna lleva con el brazo extendido por encima de su cabeza una palmera que parece ofrecer al cielo. Este colosal monumento, como los que se encuentran en muchos países de Europa Central, fue erigido en 1947 en memoria de la liberación de la ciudad por los soldados del Ejército Rojo. Desde la terraza se puede disfrutar de bonitas **vistas★★** del río, de Buda y de Pest. A la derecha, la vista sobre el hotel y el balneario Gellért permite apreciar la arquitectura de todo el complejo.

Ciudadela
(Citadella)
CD7 - *La Ciudadela está cerrada por tiempo indefinido. Sin embargo, el acceso (para disfrutar de las vistas) todavía es posible.*
La Ciudadela corona la cumbre de la Colina de Gellért. Fue construida en 1851 por orden del emperador Francisco José tras la revuelta húngara de 1848-1849 contra los austriacos. Sirvió como estructura de defensa antiaérea durante la Segunda Guerra Mundial.
Además de un restaurante, dos cafés, una exposición fotográfica (período 1850-1945), el **Museo de Cera 1944 (Panoptikum 1944)**, que ocupa el antiguo refugio antiaéreo, permite hacerse una idea más precisa de cómo

era la Ciudadela durante la Segunda Guerra Mundial.

S no te tienta hacer la visita, al menos date un paseo por la pasarela. Desde este mirador, las **vistas**★★★ son particularmente extensas. Puedes contemplar la ciudad a tus pies y Pest en la orilla opuesta. A lo lejos, a la izquierda, se ve claramente uno de los pulmones verdes de la ciudad, la Isla Margarita.

Parque del Jubileo
(Jubileumi park)

C7 Fue inaugurado con motivo del cuadragésimo aniversario de la Revolución de Octubre. Este lugar bien acondicionado para pasear no carece de interés con sus senderos sombreados, parterres de flores y césped.

Monumento a San Gellért
(Szent Gellért emlékmű)

C6 Gellért fue el primer obispo de Csanád en 1030. Vivió durante el reinado de Esteban I y fue llamado por el propio rey desde su monasterio benedictino de San Giorgio en Venecia para servir como tutor del heredero al trono, el príncipe Emerico. Su acción también tuvo como resultado la cristianización de un buen número de paganos. La revuelta de este último, que siguió a la muerte de Esteban en 1038, desembocó en el martirio de Gellért en 1046. Habría sido arrojado desde lo alto de la montaña, encerrado en un barril y canonizado en 1083, San Gellért es una persona muy honrada en Hungría.

La monumental estatua de bronce (obra de Gyula Jankovits, 1904) se encuentra en el lugar del martirio, a mitad de la pendiente, frente a un peristilo de inspiración antigua. Gellért, que parece estar bendiciendo la ciudad, sostiene una cruz en su mano derecha levantada. A sus pies está representado un pagano converso. Desde este lugar, las **vistas**★★ valen la pena.

Balneario Rudas ★★
(Rudas Gyógyfürdő)

D6-7 – *Döbrentei tér 9* – 🚌 *5, 7, 8 Rudas Gyógyfürdő;* 🚋 *19, 41, 56, 56A Rudas Gyógyfürdő* – 🕐 *pág. 105.*
Este edificio, construido en 1556 por el pachá Mustafa Sokoli, no es muy atractivo desde el exterior. El interior contiene un gran baño de mármol octogonal. En lo más alto de la zona de tratamientos, junto a los baños turcos, hay una piscina con vistas panorámicas al Danubio. Ocho columnas sostienen una cúpula semiesférica perforada con óculos cuyos rayos de colores se reflejan y bailan sobre el agua. Cada rincón alberga una pequeña piscina donde la temperatura del agua varía desde muy fría hasta muy caliente.

Víziváros★

(Ciudad del Agua)

Ya en la Edad Media, este barrio de Buda, la ciudad baja, era llamado «la ciudad de las aguas» debido a la presencia de numerosas fuentes termales.

▶ **Cómo llegar:** Ⓜ 2 Batthyány tér; para llegar a pie desde Pest, cruza el Puente de las Cadenas (accesible por el lado de Pest desde Ⓜ 1, 2 o 3 Deák Ferenc tér).

Mapa extraíble C3-5.

☞ *Nuestras sugerencias, págs. 84, 90, 94, 101 y 108.*

Puente de las Cadenas ★★
(Széchenyi Lánchíd)

C5 El Puente de las Cadenas, el puente más antiguo de la ciudad, también se llama Puente Széchenyi, en honor al hombre que inició su construcción. De hecho, Budapest debe al conde István Széchenyi lo que se considera uno de los símbolos, incluso «el» símbolo de la ciudad. En diciembre de 1820, el joven aristócrata, capitán de húsares, se enteró de la muerte de su padre en Buda. Al llegar a Pest para tomar el ferri, al conde le resultó imposible cruzar el Danubio, ya que el hielo había interrumpido todo el tráfico en el río. Inmovilizado durante varios días, en su mente brotó la idea de construir un puente. Entre los proyectos presentados se seleccionó el de los ingenieros británicos William Tierney Clark y Adam Clark. Ellos se encargaron de llevar a cabo el proyecto. La obra duró desde 1839 hasta 1849.

La estructura tiene un tramo de 380 m, un ancho de 15,7 m. El uso de piedra

El Danubio

El segundo río de Europa después del Volga es el Danubio (*Duna* en húngaro), que tiene su nacimiento en la Selva Negra y recorre 2850 km hasta el Mar Negro. Atraviesa el país en una séptima parte de su longitud (428 km). Allí confluyen todos los demás ríos, como el Tisza, procedente de los Cárpatos, y el Drava (*Dráva* en húngaro). Este último limita con el sur de Transdanubia, marcando la frontera con Croacia durante 150 km. La mayoría de los demás afluentes llegan al Danubio por su margen derecha: Váli-víz, Sió y otros ríos. El Danubio es poco profundo: de 3 a 4 m de media y de 300 a 600 m de ancho. Aunque, durante su paso por Hungría, este gran río sufre pérdidas muy importantes por infiltración y evaporación, no deja de ser navegable y constituye desde la Edad Media una vía de comunicación imprescindible entre el este y el oeste de Europa. En 1992, la apertura del canal que conecta el Danubio con el Meno y el Rin creó una nueva ruta fluvial que conecta el Mar del Norte con el Mar Negro.

¿Leones sin lengua?

Los leones del Puente de las Cadenas no tienen lengua... Según la leyenda, un aprendiz de zapatero se dio cuenta de esto el día de la inauguración y lo señaló en voz alta, provocando la risa del público que había acudido a la ceremonia. El escultor János Marschalkó sintió tal deshonra que se arrojó al Danubio. Aunque, la realidad es bastante diferente: los leones sí tienen lengua, pero es tan pequeña que hay que subirse al pedestal y acercarse a su boca para verla. En cuanto al escultor, tuvo una muerte hermosa.

y hierro crea un hermoso conjunto clásico, que también se puede ver por la noche iluminado. Los cables de suspensión conectados a los dos pilares en forma de arco de triunfo parecen entonces guirnaldas de luz. En cada extremo, dos leones de piedra hacen guardia con orgullo, tumbados sobre un pedestal.

Clark Ádám tér
(Plaza Ádám Clark)
C5 - Ⓣⓡⓐⓜ *19, 41 Clark Ádám tér.*
Una rotonda especialmente frecuentada por miles de vehículos que salen o se precipitan hacia el túnel excavado en la Colina del Castillo —el túnel más antiguo de la ciudad— y que conduce al barrio de Krisztinaváros. Los habitantes de Budapest deben esta obra de arte a **Adam Clark** (1811-1866), un ingeniero inglés que también dirigió la construcción del Puente de las Cadenas. A la izquierda puedes ver la escultura que marca el **kilómetro 0**, a partir del cual se calculan las distancias desde la capital.

Fő utca
(Calle Fő)
C3-4 La calle principal del barrio, bordeada de edificios de todo tipo,

discurre paralela al Danubio.
En el **n.º 7** hay un edificio moderno que hace esquina con Pala utca y se extiende hasta el Danubio: el **Instituto Francés**, inaugurado en 1992. En la planta baja se encuentra la librería Prélude (Ⓖ *pág. 94*). Al otro lado de la calle, una casa barroca con una torre en la esquina alberga un restaurante francés, el Pavillon de Paris.
En los **n.ᵒˢ 30 y 32**, el antiguo convento de los Capuchinos y su **iglesia** contigua preceden a **Corvin tér**, donde se alzan casas barrocas (n.ᵒˢ 2 a 5). En el lado norte, un teatro neoclásico, el **Reducto de Buda (Budai Vigadó** —no confundir con el de Pest en Vigadó tér—), donde actúa el Conjunto Folclórico Húngaro (Magyar Állami Népi Együttes). Más a la derecha se observa la **Iglesia calvinista**, neogótica, de ladrillo rojo.

Batthyány tér
(Plaza Batthyány)
C3 - Ⓜ *2 Batthyány tér.*
Esta plaza es un centro neurálgico donde converge el transporte urbano, muy práctico para los visitantes (línea 2 de metro, autobuses, tranvías, tren de cercanías HÉV. Lleva el nombre del conde **Lajos Batthyány** (1806-1849), un político liberal partidario

de un compromiso con Austria, que fue jefe del primer gobierno húngaro en 1848. Renunció a su cargo tras un desacuerdo con Lajos Kossuth, líder del partido liberal. movimiento durante la Revolución de 1848, y fue ejecutado por los austriacos en 1849 después del fracaso de la Revolución húngara.

La **Iglesia de Santa Ana★ (Szent Anna templom)**, una elegante iglesia barroca, domina la plaza con sus dos campanarios idénticos. Sobre el portal podemos ver las estatuas alegóricas de la Fe, la Esperanza y la Caridad. En el centro de la fachada, la estatua de Santa Ana con María. El interior, como en todos los santuarios barrocos, está profusamente decorado. Así, el altar mayor enmarcado por columnas de mármol, los frescos de la cúpula que representan la Trinidad, el púlpito cubierto de oro y decorado con querubines, la caja del órgano.

En el **n.º 3** de la Plaza Batthyány, cerca del **mercado cubierto** del siglo xix, se encontraba el **albergue de la Cruz Blanca**, donde también se representaban obras de teatro. Esta casa se distingue por sus relieves que representan las cuatro estaciones y sus dos balcones de hierro forjado a ambos lados del cuerpo central, rococó a la derecha y barroco a la izquierda. La entrada está por un porche hundido. El letrero de un bar que lleva el nombre

de Casanova recuerda que el famoso aventurero y seductor vino aquí durante su gira por Europa a finales del siglo xviii. Tras pasar Nagy Imre tér, hay un imponente edificio delimitado por cuatro calles que puede plantear

Pausa saludable

A pocos metros de la Plaza. Batthyány, **Franziska** es un lugar acogedor y tranquilo para hacer un descanso para desayunar, comer o hacer un *brunch*. ⌖ *pág. 90*

algunas dudas. Entonces, ¿qué se escondía detrás de los austeros muros de este edificio de ladrillo? Algunas respuestas (según la época de la historia) son: el tribunal militar, la policía política o la Gestapo.

37

Balneario Király ★★
(Király Gyógyfürdő)
C3 - *Fő utca 82-84* - Ⓜ *2 Batthyány tér -* Ⓣ *19, 41 Bem József tér;* Ⓑ *109 Bem József ter -* ⌖ *pág. 106.*
Es uno de los balnearios más antiguos, construido en 1565 por Arslan, Pasha de Budapest. Desde la calle Fő se pueden ver claramente los elementos característicos de la época turca: cúpulas verdes, la mayor de las cuales está coronada por una media luna.

Lipótváros★★★

(Ciudad Leopoldo)

Corazón de la vida política y administrativa, el distrito de Lipótváros toma su nombre de Leopoldo II, rey de Hungría de 1790 a 1792. Forma parte, junto con Belváros, del centro histórico de Pest. Sus monumentos, sus plazas arboladas y las tiendas de antigüedades ubicadas en la calle Falk Miksa lo convierten en un barrio en el que se disfruta paseando.

▶**Cómo llegar:** Ⓜ 2 Kossuth Lajos tér; 🚊 2 Kossuth Lajos tér.
Mapa extraíble CD3-5.
🅖 *Nuestras sugerencias, págs. 84, 90, 94, 101 y 108.*

Parlamento ★★★

(Országház)

C3 - *Kossuth lajos tér 1-3 -* Ⓜ *2 Kossuth lajos tér -* 🕾 *(1) 441 4000 - www. latogatokozpont.parlament.hu - Comprar entradas en el centro de visitantes, a la izquierda del Parlamento (acceso por el sótano) - de 08:00 a 16:00 h - acceso limitado durante las sesiones plenarias - 12000 Ft; 6000 Ft para ciudadanos de la UE presentando documento de identidad.*

😊 La visita están sujetas a cupos. Te recomendamos que compres la entrada on line: *www.jegymester. hu/parlament* (comisión de 200 Ft, entradas a recoger *in situ*).
Una fachada porticada sobre el Danubio, otra sobre Kossuth Lajos tér, un monumento gigantesco que recuerda a una catedral neogótica, así aparece el Parlamento de Budapest. Con su cúpula, sus campanarios, pináculos, capiteles, arcadas y galerías, recuerda al Parlamento de Londres o incluso al Duomo de Milán. Fue construido entre 1885 y 1902 según los planos de Imre Steindl. En 1896, la Asamblea se reunió allí para conmemorar el aniversario de la fundación del país.

En las fachadas se alinean solemnemente 88 estatuas que representan a reyes y líderes militares húngaros. A cada lado del cuerpo central, dos alas simétricas se encuentran bajo una cúpula. Se construyeron cuando la Asamblea estaba dividida en dos cámaras: la cámara de diputados y la cámara alta. Hoy, el Parlamento es la sede de la Asamblea Nacional. En la plaza, la entrada principal decorada con leones de piedra conduce a la escalera principal.

Interior – La visita guiada permite ver parte del edificio.
Majestad, suntuosidad, brillantez, estas son las palabras para describir las **escaleras de honor** y el vestíbulo de entrada, cuya decoración, realzada por una profusión de dorados, es resplandeciente. En la bóveda de crucería, frescos de Károly Lotz, *La apoteosis de la Legislación* y *La glorificación de Hungría.*

La **Sala de la Cúpula**, una enorme sala circular que tiene por sí sola varios años de historia, representada por estatuas de los sucesivos reyes y los escudos de armas de las antiguas diputaciones. Esta sala también alberga las **joyas de la corona★★**. Con motivo del milenario de la coronación de Esteban I se trasladaron del Museo Nacional a este lugar. La **corona** fue devuelta a Hungría por los norteamericanos en 1978, tras haber sido cuidadosamente conservada en Estados Unidos, donde había encontrado refugio tras la Segunda Guerra Mundial. Esta corona, conocida como la corona de San Esteban, que figura en el escudo del país, es un magnífico ejemplo de orfebrería, probablemente realizado en el siglo XI. Su parte inferior, de inspiración bizantina, está formada por placas de esmalte cloisonné incrustadas con piedras preciosas y que representan santos y arcángeles. En el centro se representa al emperador bizantino Miguel Ducas. La parte superior, latina, está formada por dos placas cruzadas de oro esmaltado que muestran a Cristo en majestad y los retratos de dos apóstoles cuyos nombres están inscritos en latín. La cruz oblicua completa esta parte (simplemente se habría dañado con el paso de los años). El **cetro** de plata y cristal de roca es de origen egipcio y húngaro. El **globo** con la cruz patriarcal y el escudo de la casa de Anjou, data del siglo XIV (reinado de Carlos I Roberto de Anjou). La **espada** procede de un taller veneciano del siglo XVI.
Las estatuas del **Salón de los Socios** son alegorías de las principales profesiones del comercio y la industria.

40

La **Sala de las Sesiones**, toda de madera, también abunda en dorados. El presidente dirige los debates frente a los diputados que se encuentran en el hemiciclo o más bien, dada su forma, en «herradura». En los pasillos verás algunos espacios con bancos reservados para los diputados y soportes numerados (cada uno correspondiente a un diputado).

Monumento «Zapatos a la orilla del Danubio»
C4 - *Id Antall József rkp.*
En el muelle, a la derecha del Parlamento, se encuentran 60 pares de zapatos de bronce, una escultura que conmemora el asesinato por nazis, las terribles «Cruces Flechadas», de miles de judíos durante la Segunda Guerra Mundial (*☾ pág. 64*). Estas ejecuciones solían tener lugar en los muelles, tras las cuales los cadáveres se arrojaban al Danubio.

Casa de Bedő
(Bedő Háza)
D3 - *Honvéd utca 3* - Ⓜ *2 Kossuth Lajos tér o 3 Arany János utca;* 🚊 *2 Kossuth Lajos tér.*
La casa Bedő, una auténtica joya del *art nouveau* (*☾ pág. 129*), fue construida en 1903 por el arquitecto secesionista Emil Vidor. Aunque el pequeño museo que albergaba ha cerrado, podemos seguir admirando su preciosa **fachada★**.

Szabadság tér ★
(Plaza de la Libertad)
D4 - Ⓜ *3 Arany János utca.*
Construida en el lugar de un antiguo

cuartel austriaco, esta espaciosa explanada está bordeada de edificios con fachadas majestuosas, como la del **Banco nacional Húngaro (Magiar Nemzeti Bank)** y, enfrente, el del **antiguo palacio de la Bolsa**, actualmente en construcción para albergar prestigiosas oficinas y tiendas. Estos dos edificios, aunque diferentes, son obra del mismo arquitecto, Ignác Alpár. Al sur de la plaza se encuentra desde 2014 el pomposo y controvertido **Monumento a las Víctimas de la Invasión Alemana (Anémet megszállás aldozatainak emlékműve)**. Representa un águila alemana atacando a Hungría con los inocentes rasgos del ángel Gabriel y constituye para sus detractores una «falsificación de la historia», porque tiende a minimizar la responsabilidad del país en la deportación de judíos y gitanos. Al norte de la plaza, en medio de prados semicirculares, se conserva el único monumento de Budapest dedicado a los soviéticos: un **obelisco** erigido en memoria de los soldados del Ejército Rojo, libertadores de la ciudad en 1945. Al otro lado de la calle se encuentra la **Embajada americana**. Estados Unidos también está representado en esta plaza por tres estatuas de bronce: la del **general Harry Hill Bandholtz** quien, tras la caída de la República de los consejos en 1919, salvó los tesoros del Museo Nacional del saqueo de las tropas rumanas; y los de expresidentes americanos **Ronald Reagan** y **George H.W. Bush**, que acompañaron ell fin del bloque soviético.

Caja de Ahorros de Correos ★★
(Posta Takarékpénztár)
D4 - *Hold utca 4* - Ⓜ *3 Arany János utca;* 🚌 *15, 115 Hold utca.*
El complejo, construido en 1901 por **Ödön Lechner** (𝘎 *pág. 130*), deslumbró con sus ornamentos, sus colores que se mezclan con el ladrillo, los mosaicos y la cerámica formando una magnífica composición de estilo Secesión. El lugar alberga las oficinas del Tesoro Público.

Estación del Oeste ★
(Nyugati pályaudvar)
E2-3 - Ⓜ *3 et* 🚋 *4, 6 Nyugati pályaudvar.*
Gustave Eiffel imaginó este nuevo tipo de estación como una inteligente combinación de acero, vidrio y ladrillo, completamente abierta a la ciudad gracias a un inmenso techo de vidrio en la fachada. Si no puedes visitar la sala de espera privada del emperador Francisco José y la bella Sissi, echa un vistazo a la sala donde venden las entradas *(abajo a la derecha)*, cuya decoración y la inmensa altura del techo sugieren la magestuosidad de la construcción.

Basílica de San Esteban ★★
(Szent István Bazilika)
D4 - *Szent István tér* - Ⓜ *1 Bajcsy-Zs. út or* Ⓜ *1 y 2 Deák Ferenc tér - www.bazilika.biz - desde las 09:00 h, do. a partir de las 13:00 h - 2 300 Ft - programa de los conciertos en el sitio web.*
El edificio, iniciado en 1851, fue terminado en 1906 e inaugurado por el

41

emperador Francisco José. Las obras las comenzó el arquitecto József Hild, pero después de su muerte en 1867, Miklós Ybl las continuó, dándole al conjunto su aspecto colosal, incluso abrumador, de inspiración neorrenacentista. La fachada, todavía austera, se abre con un pórtico coronado por un frontón esculpido que muestra a la Virgen rodeada de santos húngaros. En el exterior se pueden ver un gran número de estatuas creadas por Leó Fessler: los cuatro evangelistas (tambor de la cúpula), los Padres de la Iglesia (torres), los doce apóstoles (chevet; rodear el edificio a la derecha). El interior, cuya planta sigue la forma de cruz griega, sorprende por su grandiosidad y su ornamentación con grandes refuerzos de oro y mármol. La cúpula (96 m de altura) está decorada con mosaicos. En el altar mayor, está la estatua de San Esteban de mármol de Carrara y con bajorrelieves que representan escenas de la vida del santo. La **Capilla de Santo Dexter** a la (izquierda del coro) muestra una de las piezas centrales de la iglesia. Esta reliquia, que se cree que es la mano derecha de San Esteban, se lleva en procesión el 20 de agosto con motivo de la fiesta del primer rey húngaro, Esteban I, canonizado en 1083.
Torre norte (Körpanoráma) – *de 10:00 a 16:30 h (18:30 h en verano) - 2 000 Ft.* Preciosas **vistas panorámicas★★**.

Palacio de Gresham★
(Gresham palota)
D5 - *Széchenyi tér 5-6 - [Tram] 2 Eötvös tér.* Este otro ejemplo del estilo Secesión de Budapest (1907) es uno de los edificios más importantes de la ciudad. Lleva el nombre de una compañía de seguros de Londres que, a su vez, tomó el nombre del fundador de la primera Bolsa de Valores de Londres (Royal Exchange). Thomas Gresham (1519-1579) fue asesor financiero de la Corona cuando emprendió la construcción de la Bolsa de Valores. La fachada que da a Széchenyi tér está decorada con relieves de piedra tallada. Entre las dos guerras, los artistas se reunían en el café Gresham. Hoy, el palacio alberga un hotel de lujo.

Academia Húngara de Ciencias
(Magyar Tudományos Akadémia)
CD4 - *Széchenyi tér 9 - [Tram] 2 Eötvös tér.* Se trata de uno de los mejores ejemplos de edificio neorrenacentista del siglo XIX. El conde István Széchenyi ofreció, durante la Primera Dieta de 1825-1827, un año de sus ingresos para la construcción de esta academia. En el piso superior, las seis estatuas representan los seis primeros departamentos de la Academia: Derecho, Ciencias, Matemáticas, Filosofía, Lingüística e Historia. Del lado del Danubio hay otras estatuas alegóricas: Arqueología, Poesía, Astronomía, Ciencias Políticas. En las esquinas del edificio se pueden ver las estatuas de Newton, Lomonosov (científico ruso), Galileo, Révay (lingüista húngaro), Descartes y Leibnitz (matemático y filósofo alemán).

Avenida Andrássy ★★

(Andrássy út)

Esta avenida, la más elegante de la capital, recibe a veces el sobrenombre de «los Campos Elíseos de Budapest». En efecto, cuenta con algunos de los mejores ejemplos de la arquitectura de Budapest, con mosaicos, estatuas y frisos en todo su esplendor. Inicialmente muy animada y bulliciosa, repleta de tiendas, así como teatros, la Ópera Nacional y los Museos Liszt y Kodály, se convirtió en un elegante barrio residencial después de Kodály körönd. Se pueden ver edificios antiguos con fachadas a menudo adornadas con esculturas, hermosas villas y opulentas mansiones. Aquí también se encuentran muchas embajadas.

▶ **Cómo llegar:** Ⓜ 1; fue la primera línea de metro en Europa (1896). A pesar de su gran antigüedad, solo tarda 10 min en unir el centro de la ciudad con Városliget (☞ pág. 50). El autobús 105 también sube y baja por la avenida.

Mapa extraíble E2-4, F2-3 y G2-3.

▶ **Consejo:** si planeas visitar varios museos o sitios, opta por la Budapest Card (☞ pág. 114).

☞ Nuestras sugerencias, págs. 85, 92, 96 y 102.

Tanto la avenida como la línea del metro M1 y la Plaza de los Héroes (☞ pág. 50) están clasificadas como Patrimonio de la Humanidad por la UNESCO.

Ópera Nacional ★★
(Magyar Állami Operaház)

E4 - Andrássy út 22 - Ⓜ 1 Opera - ☏ (1) 814 7100 - www.opera.hu.

La Ópera Nacional, de estilo neorrenacentista, fue construida entre 1875 y 1884 por Miklós Ybl. La fachada se abre con un porche saliente que sostiene una logia. A cada lado de la entrada, dos nichos albergan las estatuas de dos grandes compositores húngaros: a la derecha, **Ferenc Liszt** (1811-1886) y, a la izquierda, **Ferenc Erkel** (1810-1893). Este último, nacido en Gyula y fallecido en Budapest, fue también un talentoso pianista y director de orquesta. Firmó el himno nacional así como varias óperas, y dirigió el concierto ofrecido en la solemne inauguración de la Ópera el 27 de septiembre de 1884; en particular, allí se interpretó la ópera Hunyadi László.

La parte superior del edificio está decorada con una balaustrada con estatuas de compositores famosos (Mozart, Beethoven, Rossini, Wagner, Bizet, Chaikovski, Smetana, etc.). El **interior** es lujoso. La gran escalera, el vestíbulo, el pasillo de fumadores, el auditorio (en el techo, un fresco de Károly Lotz que representa la Apoteosis de la Música), la sala de protocolo y la

La Ópera Nacional.

escalera real están resplandecientes de dorados, ebanistería, frescos, pinturas y mármoles.

Teatro Nuevo★

(Új Színház)

E4 - *Paulay Ede utca 35* - Ⓜ *1 Opera.*
Ligeramente detrás de la Avenida Andrássy está el Nuevo Teatro con su magistral reconstrucción (1990) de la versión de Béla Lajta (1909). En el parapeto de la fachada, nueve ángeles de cerámica dorada sostienen cartuchos de color turquesa que llevan el nombre del teatro. El interior, un buen ejemplo del estilo *art déco* temprano, es aún más fascinante, combinando armoniosamente los colores crema y azul con rejillas metálicas curvas, espejos e iluminación cromada.

Casa de los Fotógrafos Húngaros★

(Magyar Fotográfusok Háza)

E4 - *Nagymező utca 20* - Ⓜ *1 Opera* - ☎ *(30) 505 0455 - www. maimano.hu - todos los días excepto lu. de 12:00 a 19:00 h - 2 000 Ft; incluido en la Budapest Card.*
La antigua casa del gran fotógrafo húngaro **Mai Manó** (1855-1917) y su estudio fotográfico albergan ahora un Museo de la Fotografía en el corazón del barrio de los teatros. En esta hermosa mansión de finales del siglo XIX se celebran exposiciones temporales de fotógrafos húngaros y extranjeros.

Descubrirás una majestuosa escalera con barandilla de hierro forjado, frescos, estucos, vidrieras de Miksa Róth y un estudio bajo techo de cristal. La vista del Teatro de la Opereta, situado enfrente, te transportará a la época de Mai Manó.

Centro de Fotografía Contemporánea Robert Capa
(Robert Capa Kortárs Fotográfiai Központ)
E4 - *Nagymező utca 8* - Ⓜ *Opera* - ✆ *(1) 413 1310 - www. capacenter.hu - de ma. a vi. de 13:00 a 18:00 h; de lu. a vi. de 10:00 a 18:00 h - 4 000 Ft; incluido en la Budapest Card.*
Otro ejemplo del interés húngaro por la fotografía, es este centro, inaugurado en 2013, cuyo nombre rinde homenaje al famoso fotógrafo de prensa de origen húngaro **Robert Capa** (1913-1954). Pretende ser la contraparte contemporánea de la Casa de los Fotógrafos Húngaros vecina. Exposiciones temporales que se renuevan con mucha regularidad.

Grandes Almacenes París
(Párisi Nagy Áruház)
E4 - *Andrássy út 39* - Ⓜ *1 Opera o Oktogon.*
Detrás de esta gran fachada *art déco* (1911) se encontraba una tienda frecuentada por las elegantes damas años atrás. Arriba, el increíble salón de banquetes Lotz, decorado con frescos de Károly Lotz, alberga ahora una cafetería de estilo parisino. El techo alberga una barra panorámica, el 360 Bar (✆ *pág. 102*), como ya ocurría en 1911.

Liszt Ferenc tér
E4 - Ⓜ *1 Oktogon* - 🚋 *4, 6 Oktogon.*
Esta sombreada **plaza** es el centro de todo el ambiente y la actividad de este barrio de ocio. Cafés, restaurantes y clubes de *jazz* han hecho de ella su hogar. En verano, las terrazas invitan a los transeúntes a acercarse y tomar la temperatura de una plaza que se ha convertido en visita obligada.

Conservatorio de Música Franz Liszt
(Liszt Ferenc Zeneművészeti Főiskola)
E4 - *Liszt Ferenc tér 8* - Ⓜ *1 Oktogon* - 🚋 *4, 6 Oktogon.*
Esta academia fue fundada por el famoso compositor, cuya estatua de bronce, realizada por Alajos Stróbl, adorna la fachada. La **chimenea**★, con opulenta decoración (entrada Király utca), es una pequeña joya del *art nouveau*: mosaicos dorados al estilo de Klimt, medallones de metal, azulejos de barro verde, una fuente, sin olvidar los vestuarios, intactos. La extensa renovación del edificio finalizó en 2013.

Casa Lindenbaum
(Lindenbaum Ház)
E2-3 - *Izabella út 94* - Ⓜ *1 Kodály körönd.*
Admira la fachada del primer edificio de la Secesión Húngara de la ciudad (✆ *pág. 129*), firmado por el arquitecto Frigyes Spiegel. Presenta soles, serpientes entrelazadas, estrellas, zorros, pavos reales girando y mujeres desnudas. La fachada gemela en el núm. 96 por su parte no tuvo la posibilidad de ser renovada.

Casa del Terror★★
(Terror Háza)
E3 - *Andrássy út 60 -* Ⓜ *1 Vörösmarty utca -* 🚋 *4, 6 Oktogon -* 📞 *(1) 374 2600 - www.terrorhaza.hu - todos los días excepto lu. de 10:00 a 18:00 h - 4000 Ft - audioguía 2000 Ft.*

En 1944, este edificio (y varios otros a su alrededor) fue el cuartel general de los nazis húngaros, y después, de 1945 a 1956, el de la AVO y la ÀVH, la policía política comunista. Convertido en museo y lugar de memoria, provocó polémica cuando se inauguró en 2002. Aunque presenta en pie de igualdad las atrocidades cometidas por el nazismo y el comunismo, dedica 25 de las 27 salas a los crímenes cometidos por el régimen comunista y no menciona el papel desempeñado por los fascistas húngaros en el siglo xx. La visita comienza en la segunda planta. El lugar, lleno de sufrimiento, evoca aquellos oscuros años de forma profundamente conmovedora, con la ayuda de una eficaz escenografía (carteles de propaganda, uniformes, películas, bandas sonoras, testimonios, juegos de luces y sombras, efectos personales de las víctimas, etc.). Recreación de un tren de deportación y de una sala de escuchas: estamos en la escena del crimen, por así decirlo, y toda la puesta en escena está concebida para evocar el ambiente de la época. A continuación, el lento descenso en ascensor hasta el sótano va acompañado de una película en la que un verdugo relata (con subtítulos en inglés) lo que se esperaba de él. En el sótano, cámaras de tortura reconstruidas que, sin mostrar nada, terminan por inquietar la mente del visitante. En la última sala, cortometrajes de aficionados muestran la partida del ejército ruso. Es interesante observar las caras de los soldados rusos, que parecen abrumados por los acontecimientos.

Museo Franz Liszt★
(Liszt Ferenc Emlékmúzeum)
F3 - *Vörösmarty utca 35 -* Ⓜ *1 Vörösmarty utca -* 📞 *(1) 322 9804 - www.lisztmuseum.hu - de lu. a vi. de 10:00 a 18:00 h; sá. de 09:00 a 17 h - 3000 Ft - audioguía 1000 Ft.*

Tres habitaciones componen el apartamento en el que vivió **Franz Liszt** durante los últimos cinco años de su vida, cuando vino a pasar el invierno a Budapest, entre 1881 y 1886. Los locales han permanecido casi intactos, testigos de la vida de este artista que entonces había adquirido gran notoriedad. En el dormitorio, la oficina y la sala de conciertos se conservan objetos personales (diapasones, vasos, cartas, sombrero, bastón, guantes, rosario, libro de oraciones regalado por el Papa y retrato de su hija Cosima). En el salón, el piano Bösendorfer era el instrumento favorito del artista. Hay un concierto todos los sábados a las 11:00 h (incluido en el precio de la entrada).

Kodály körönd
(Plaza Kodály)
F3 - Ⓜ *1 Kodály körönd.*

Cuatro edificios de arcos simétricos rodean esta elegante plaza. Para completar la simetría del lugar, cuatro estatuas de figuras que se distinguieron en la lucha contra los turcos adornan el césped.

Museo Zoltán Kodály
(Kodály Zoltán Emlékmúzeum)
F3 - *Andrássy út 89 -* Ⓜ *1 Kodály körönd - ☎ (1) 352 7106 - www. kodaly. hu/museum - lu. de 11:00 a 16:30 h; de mi. a vi. de 10:00 a 12:00 h y 14:00 a 16:30 h - solo con cita previa - 3000 Ft.*
Junto con Béla Bartók, **Zoltán Kodály** (Ⓖ *pág. 133)* tuvo un profundo impacto en la música húngara del siglo xx. El apartamento que ocupó desde marzo de 1924 hasta su muerte en marzo de 1967 contiene recuerdos del gran compositor que fue: pianos, biblioteca y libros, escritorio, partituras. Descubrimos también una faceta poco conocida de su talento, la de alfarero (hay una colección de vasijas y jarrones en el comedor).

Museo de Ferenc Hopp de Arte Asiático
(Hopp Ferenc Kelet-Ázsiai Művészeti Múzeum)
F2 - *Andrássy út 103 -* Ⓜ *1 Bajza utca - ☎ (1) 469 7762 - www. hoppmuseum.hu - de mi. a do. de 10:00 a 18:00 h - 2000 Ft; incluido en la Budapest Card.*
Ferenc Hopp (1833-1919), óptico y gran viajero, donó al país objetos traídos durante sus numerosos viajes a Asia. Este museo, instalado desde 1923 en su antigua villa, los expone en rotación con otros objetos adquiridos posteriormente.

Paseo de Városliget
(Városligeti fasor)
FG3 - Ⓜ *1 Bajza utca.*
Esta calle arbolada ofrece una alternativa a la Avenida Andrássy para llegar a Városliget (Ⓖ *pág. 50).*

Aquí podrás admirar algunas de las hermosas villas de *art nouveau* de esta zona residencial. Cuando llegues al Parque de la Ciudad (Városliget), frente al callejón Városliget, no te pierdas el **Monumento a la Revolución húngara** de 1956 y la guerra de la Independencia.

Museo György Ráth ★
(Ráth György Múzeum)
F3 - *Városligeti fasor 12 -* Ⓜ *1 Bajza utca - ☎ (1) 416 9601 - www.imm.hu - todos los días excepto lu. de 10:00 a 18:00 h - 3600 Ft.*
Esta villa fue adquirida en 1901 por György Ráth, primer director del Museo de Artes Aplicadas. Tras haber servido durante un tiempo como anexo del Museo Ferenc Hopp *(al lado)*, volvió a convertirse, tras algunos años de obras, en escaparate de una selección de la colección *art nouveau* del Museo de Artes Aplicadas, actualmente cerrado (Ⓖ *pág. 66).*

Edificio del Banco ING
G2 - *Dózsa György út 84b -* Ⓜ *1 Bajza utca o Hősök tere.*
El edificio diseñado por el arquitecto holandés Erick Van Egeraat no deja indiferente a nadie. La sede del ING Bank está dividida en tres secciones unidas por atrios cubiertos de cristal. La fachada de acero y vidrio espejado se ha diseñado para dar la impresión de un edificio en constante cambio. Dependiendo de la luz y de su posición, el edificio adquiere distintas apariencias.

Városliget★★

(Parque de la Ciudad)

Junto con la Isla Margarita, Városliget es uno de los lugares más populares en verano. Las familias acuden aquí en busca de sombra, para «respirar aire fresco», pasear por las callejuelas, en invierno, y disfrutar del patinaje sobre hielo o de las termas, que se consideran de las mejores de Budapest. Desde hace unos años, Városliget es objeto de una profunda renovación para ser un centro cultural y de ocio en la capital. En 2022 abrieron sus puertas dos edificios contemporáneos, que albergan la Casa de la Música Húngara y el nuevo Museo de Etnografía. Para responder a las exigencias medioambientales, el parque se ha remodelado con zonas de juego, áreas de pícnic, paseos peatonales, carriles bici e incluso una zona de juegos para perros.

▶ **Cómo llegar:** Ⓜ 1 Hősök tere. **Mapa extraíble FGH1-3.**
▶ **Información:** para saber qué pasa en los museos y conocer las actividades del parque, visita la web ligetbudapest.hu.
▶ **Consejo:** si planeas visitar varios museos o sitios, opta por la Budapest Card (Ⓖ *pág. 114*).
Ⓖ *Nuestras sugerencias, pág. 86.*

Plaza de los Héroes

(Hősök tere)

G2 Una gigantesca plaza bordeada a la izquierda por el Museo de Bellas Artes y a la derecha por la Galería de las Artes; en el centro, una columna, y detrás, dos columnatas en arco con un grupo de estatuas y esculturas: el Monumento del Milenio. La Plaza de los Héroes se debe al arquitecto Albert Schickedanz. A lo largo de los años fue y sigue siendo un gran lugar de reunión para manifestaciones multitudinarias, celebraciones o festividades populares.

Como su nombre indica, el **Monumento del Milenio★ (Millenniumi emlékmű)** conmemora los mil años de la conquista húngara y fue inaugurado en 1896. En el centro, una columna de 36 m de altura sostiene una estatua del Arcángel Gabriel sobre un globo terráqueo que lleva la corona húngara y la cruz apostólica. En el pedestal, un imponente grupo escultórico muestra al príncipe húngaro Árpád a caballo, acompañado de otros seis jefes de tribus magiares. La columnata está dividida en dos secciones simétricas. En la parte superior, estatuas alegóricas representan el Trabajo y la Abundancia (izquierda) y el Conocimiento y la Gloria (derecha). El carro de la Guerra y el carro de la Paz están uno frente al otro. Entre cada columna hay estatuas de personajes históricos (reyes y príncipes) que dejaron su

huella en la historia del país. Debajo de cada estatua, un relieve representa una escena de la vida del personaje en cuestión. Entre los reyes figuran Esteban I, Bela IV, Luis I el Grande, Matías Corvino, los príncipes de Transilvania, Gabriel Bethlen y Ferenc Rákóczi II, y un hombre del pueblo, Lajos Kossuth, héroe de la Revolución de 1848-1849.

Museo de Bellas Artes★★★
(Szépművészeti Múzeum)
FG 1-2 - Dózsa György út 41 (Hősök tere) - 🚇 1 Hősök tere - 📞 (1) 469 7100 - www.szepmuveszeti. hu - de ma. a do. de 10:00 a 18:00 h - 5 400 Ft; incluido en la Budapest Card - exposición temporal 5400-5800 Ft.

😊 En la Galería Nacional de Hungría se exponen colecciones de arte moderno (posteriores al 1800) (**ⓒ** *pág. 17*). Conocida por sus colecciones de pinturas, tiene una entrada digna de la riqueza de su colección, bajo un pórtico colosal con ocho columnas corintias de inspiración griega (¡el frontón es una réplica del que hay en el templo de Zeus en Olimpia!). Las salas históricas han sido restauradas y un nuevo espacio, «Variaciones sobre el Barroco», sigue la evolución de la pintura y la escultura húngara entre 1600 y 1800. Así, se recuperó la colección de antiguos maestros húngaros, anteriormente expuesta en la Galería Nacional Húngara poder regresar al Museo de Bellas Artes al que pertenece. También se presentan exposiciones temporales (no incluidas en la Budapest Card).

Arte barroco húngaro (1600-1800)
Retratos de aristócratas y bodegones ilustran el arte barroco de la corte, cuyos representantes más famosos son Jakab Bogdány y Ádám Mányoki. Una sala está dedicada a la escultura y pintura religiosa y funeraria del siglo XVIII, con obras monumentales y retablos ricamente decorados. El barroco austriaco vienés está representado por el pintor de frescos y retablos Franz Anton Maulbertsch.

Arte europeo (1250-1600)
También están representadas las grandes escuelas europeas desde el siglo XIII hasta finales del siglo XVI, ofreciendo un prestigioso panorama artístico.
Pintura italiana: el *Quattrocento* (siglos XV y XV), con obras de Domenico Ghirlandaio *(San Esteban)* y Gentile Bellini *(Retrato de Caterina Cornaro)*. Del siglo siguiente o *Cinquecento*, podemos citar a Leonardo da Vinci (se le atribuye una estatuilla ecuestre), Rafael, Tiziano *(Retrato del duque Marcantonio Trevisani)*, Véronèse *(Retrato de un hombre)* y Tintoretto. Las salas barrocas incluyen obras de Tiépolo.
Pintura alemana: incluye la gran composición de Hans Holbein el Viejo *(Dormición de la Virgen*, siglo XV). También del Renacimiento alemán con Dürer *(Retrato de un joven)* y Lucas Cranach el Viejo.
Pintura flamenca: del siglo XVI, Hans Memling, Gérard David *(La Natividad)*, Brueghel el Viejo. Además de las obras maestras de Rubens, Van Dyck y Jordaens, destaca el *Retrato de la princesa María* (hija mayor de Carlos I,

rey de Inglaterra), pintado en 1641 por Van Dyck.

Pintura española: de El Greco, detalle a *María Magdalena* y una pintura más oscura *La Agonía en el jardín*; de Velázquez, *Almuerzo. La aguadora* de Goya es otro ejemplo de escena de género. Cuadros de Murillo *(El Niño Jesús distribuyendo pan a peregrinos)* y José de Ribera, conocido por su vigoroso realismo, completan esta escuela.

Otros tesoros de este museo: una sala de **antigüedades egipcias**, con piezas destacables, colecciones de **antigüedades griegas y romanas**. Sin olvidar la sección dedicada a la **escultura europea**.

Galería de las Artes
(Műcsarnok/Kunsthalle)

G2 - *Dózsa György út 37* - Ⓜ *1 Hősök tere* - ☎ *(1) 460 7 000 - www. mucsarnok.hu - todos los días excepto lu. de 10:00 a 18:00 h; ju. de 12:00 a 20:00 h - 4900 Ft.*

Situado frente al Museo de Bellas Artes, este edificio con aspecto de templo griego está reservado a exposiciones temporales.

Un poco más allá, detrás del palacio, se erigía la enorme estatua de Stalin (8 m de altura), símbolo mayor que fue derribada y destruida *in situ* la noche del 23 de octubre de 1956.

Museo de Etnografía
(Néprajzi Múzeum)

G2 - *Dózsa György út - ☎ 30 378 1 582 - www.neprajz.hu - todos los días excepto lu. de 10:00 a 20:00 h - 1700 Ft - cafetería con terraza.*

En mayo de 2022, las colecciones del antiguo Museo Etnográfico se trasladaron a un edificio completamente nuevo en el corazón del parque, en el nuevo distrito de los museos. Desde el jardín de 7000 m² instalado en la azotea del museo se puede disfrutar de unas magníficas vistas. En el interior del resplandeciente edificio, la colección etnográfica ofrece una buena visión del mundo rural desde el siglo XVIII hasta principios del siglo XX, antes del Tratado de Trianón, que definió el destino de Hungría al final de la Primera Guerra Mundial (1920). Cultura, pesca, artesanía, ferias y mercados, familia, fiestas tradicionales están representados aquí con fotografías, trajes, objetos de la vida cotidiana, etc. Además cuenta con una rica colección de casi 4000 objetos de cerámica de todo el mundo.

Casa de la Música Húngara
(Magyar Zene Háza)

G2 - *Olof Palme sétány 3-5 - ☎ 70 799 9449- www.magyarzenehaza.com - todos los días excepto lu. y los primeros ma. del mes de 10:00 a 18:00 h; vi. de 10:00 a 20:00 h - exposición permanente 3900 Ft.*

Otro de los grandes logros de la remodelación del Parque Városliget, es la Casa de la Música Húngara, que abrió sus puertas en enero de 2022, está situada cerca del lago, muy cerca del Castillo de Vajdahunyad. El edificio, con un impresionante tejado flotante que deja pasar la luz, fue diseñado por el arquitecto japonés Sou Fujimoto. El recinto celebra la historia de la música, en particular la húngara, a través de diversos espacios y eventos: salas de exposiciones, conciertos, actividades educativas y enseñanza.

Zoológico
(Állatkert)
F1 - *Állatkerti krt. 6-12* - Ⓜ *1 Széchenyi fürdő* - ✆ *(1) 273 4900* - *www. zoobudapest.com* - *junio y agosto de 9:00 a 18:00 h, sá. y do. hasta 20:00 h; mayo de 9:00 a 18:00 h, sá. y do. hasta 19:00 h; abril y septiembre de 9:00 a 17.30 h, sá. y do. hasta 18:00 h; resto del año consultar - 5000 Ft (niños 3500 Ft); incluido en la Budapest Card.*
Inaugurado en 1866, se entra por una puerta monumental flanqueada por dos elefantes de piedra. Aquí podrás ver más de 500 mamíferos, 700 aves y 1500 reptiles y peces, así como edificios y decoraciones representativos del *art nouveau* en Budapest.

Pista de hielo de Városliget
(Városligeti Műjégpálya)
G2 - *Olof Palme sétány 5* - Ⓜ *1 Hősök tere* - ✆ *(1) 363 2673* - *www.mujegpalya.hu* - *pista de patinaje: horarios y precios variables, consultar la web.*
Esta pista de hielo al aire libre, la más grande de Europa, es uno de los lugares favoritos de los habitantes de Budapest desde finales del siglo XIX. El lago, que se congelaba de forma natural en invierno, dio paso a una pista de hielo artificial, inaugurada en 1926, que se convirtió en una atracción imprescindible de la capital. En primavera, es un lago navegable.

Castillo de Vajdahunyad ★
(Vajdahunyad vára)
G2 - Ⓜ *1 Hősök tere ou Széchenyi fürdő* - ✆ *(1) 422 0765* - *www. vajdahunyadcastle.com - todos los días excepto lu. de 10:00 a 17:00 h - 2500 Ft.*
Este heterogéneo complejo se construyó con motivo de las celebraciones del milenio para ilustrar los estilos arquitectónicos de Hungría. Así, en un espacio reducido conviven los estilos románico, gótico, renacentista y barroco. La parte principal se inspiró en el Castillo de Honedoara (antiguo Vajdahunyad), en Transilvania, hoy parte de Rumanía. Un puente de tres arcos conduce al patio del castillo, donde se puede ver la **Capilla de Ják**. El portal, decorado con esculturas de los doce apóstoles, recuerda al de la iglesia de la antigua Abadía benedictina de Ják, del siglo XIII. Frente a la parte barroca del castillo, una extraña figura, con los rasgos ocultos bajo un bonete, está sentada en un banco de mármol. La figura es **Anonymus** un escriba de la corte del rey Bela III (siglo XII) escultura en bronce de Miklós Ligeti (1903).
El castillo alberga el **Museo Agrícola Húngaro (Magyar Mezőgazdasági Múzeum -** *www. mezogazdasagimuzeum.hu - de lu. a vi. de 10:00 a 17:00 h - 2500 Ft)*: una exposición sobre agricultura, ganadería, pesca, caza, silvicultura y viticultura, pasado y presente (paneles en inglés).

Balneario Széchenyi ★★★
(Széchenyi Gyógyfürdő)
G1 - *Állatkerti krt. 11* - Ⓜ *1 Széchenyi fürdő* - ☾ *pág. 106.*

Balneario Széchenyi.

Se dice que es uno de los mayores complejos termales de Europa. Es inmenso y tan barroco como pueda desearse: paredes blancas y doradas en amarillo, muchos querubines y estatuas que languidecen al sol. Ya sea para pasar el día en familia, descansar con los amigos, jugar al ajedrez en el agua o chapotear en la docena de piscinas cubiertas, hay algo para todos los gustos. En el exterior, encontrarás una gran piscina con hidromasaje y para nadar contracorriente, una piscina real, un baño caliente burbujeante (38 °C) y, en las terrazas, zonas naturistas, sin olvidar un restaurante. El lugar es aún más extraordinario en invierno, cuando la nieve cubre las extensas playas y el vapor ahoga todo el entorno como en un cuento de hadas.

Al salir, rodea el edificio para descubrir, al otro lado, la grandiosa entrada al hospital termal. Dentro, el tiempo parece haberse detenido. Descubiertas en 1897, las fuentes Széchenyi son las más profundas y calientes de la ciudad (75 °C).

Circo municipal
(Fővárosi Nagycirkusz)
G1 - *Állatkerti krt. 12/a* - Ⓜ *1 Széchenyi fürdő* - ✆ *(1) 343 9637 - www.fnc.hu - muestra de mi. a vi. a las 15:00 h, sá. a las 15:00 h y 19:00 h, do. a las 11:00 h y 15:00 h - 3000/6600 Ft.*
Aquí actúan artistas húngaros de renombre internacional y compañías extranjeras.

Belváros★★

(Centro de la ciudad)

Belváros, apodada la Ciudad, es junto con Lipótváros el centro histórico de Pest. Este animado distrito alberga bancos, oficinas gubernamentales, tiendas, cafés y restaurantes. Sus pocas calles peatonales son ideales para ir de compras. Por la noche o los domingos, cuando el tráfico se calma, puedes pasear, junto al Danubio, es una experiencia muy agradable.

▶ **Cómo llegar:** Ⓜ 3 o 4 Kálvin tér; 🚋 47, 49 Kálvin tér; 🚌 9, 15, 115 Kálvin tér.
Mapa extraíble DE5-7.
▶ **Consejo:** toma preferentemente las calles pequeñas o peatonales, ya que las principales del centro de Pest están atestadas de tráfico. Si planeas visitar varios museos o sitios, opta por la Budapest Card (☞ pág. 114).
☞ *Nuestras sugerencias, págs. 86, 92, 96 y 109.*

Biblioteca Ervin Szabó★
(Szabó Ervin könyvtár)
E6-7 - Szabó Ervin tér 1 - Ⓜ 3, 4 Kálvin tér - ✆ (1) 411 - www.fszek.hu - todos los días excepto sá. y do. de 10:00 a 18:00 h; ju. hasta 20:00 h - 1900 Ft.
La Biblioteca Ervin Szabó se encuentra en un edificio formado por tres estructuras interconectadas. El edificio principal es el **palacio neobarroco de Wenckheim**, cuyo exterior ricamente ornamentado presenta admirables barandillas de hierro forjado. Si compras una entrada para la biblioteca, podrás entrar y explorar este lugar repleto siempre de jóvenes estudiosos. En la cuarta planta, podrás admirar los tocadores y salones de baile. La **sala de fumadores★** está adornada con magníficos trabajos en madera tallada. La cafetería de la entrada, antigua caballeriza del palacio, es el lugar perfecto para hacer una pausa y disfrutar de una copa.

Museo Nacional Húngaro★★
(Magyar Nemzeti Múzeum)
E6 - Múseum krt. 14-16 - Ⓜ 3, 4 Kálvin tér - ✆ (1) 338 2122 - www.mnm.hu - todos los días excepto lu. de 10:00 a 18:00 h - 3500 Ft; incluido en la Budapest Card - audioguía.
Fundado en 1802 por el conde Ferenc Széchenyi, el museo ocupa un palacio neoclásico precedido por un gran pórtico con columnas corintias. El esculpido tímpano representa alegorías de Panonia (antigua región de Europa Central, correspondiente a la actual Hungría y parcialmente extendida para incluir Croacia, Serbia, Bosnia-Herzegovina, Eslovenia, Austria y Eslovaquia), rodeada por las Ciencias y las Artes. La estatua frente a la fachada es de un gran poeta húngaro del siglo XIX, **János Arany** (1817 - 1882). Otras estatuas de científicos, poetas y

políticos adornan el jardín que rodea el museo.

En la planta baja, el manto de la coronación, de seda púrpura bizantina, fue donado por el rey Esteban I y su esposa a la Iglesia de la Virgen de Székesfehérvár. Estaba asociado a las joyas de la corona expuestas en el Parlamento.

En la primera planta, las salas presentan los grandes momentos de la historia del país, desde la llegada de las tribus magiares hasta el poscomunismo. Cada período está bien ilustrado con mapas, planos, cuadros, objetos de arte y otros de vida cotidiana, armas, muebles, ropa, etc.

En la sala dedicada a la época de Mátyás Hunyadi, es decir, Matías Corvino, la hermosa sillería gótica del coro procede de laIglesia de Bártfa. En la sala siguiente (ocupación otomana, segunda parte del siglo XVI y principios del siglo XVII), otra sillería procedente de la Iglesia franciscana de Nyírbátor es una maravilla de la ebanistería húngara de la época; observa la minuciosidad de los detalles. La sala dedicada a la expulsión de los turcos también presenta un artesonado de cerámica. Las salas contemporáneas muestran el papel desempeñado y sufrido por Hungría bajo dictadores como Miklós Horthy, que se alió con la Alemania de Hitler y permitió actuar a los crueles nazis húngaros, las Cruces Flechadas (𝒞 p. 64); o Mátyás Rákosi, que dirigió el «terror rojo» en los años 50, seguido del levantamiento de 1956, el fin del comunismo y la proclamación de la República húngara el 23 de octubre de 1990.

Iglesia franciscana ★
(Ferences templom)
DE 6 - *Ferenciek tere 2* - Ⓜ *3 Ferenciek tere.*

Se abre a un pórtico enmarcado por columnas y rematado con el escudo de la orden. En la fachada, tres hornacinas albergan estatuas de San Pedro de Alcántara, San Antonio de Padua y San Francisco de Asís. El interior, decorado en estilo barroco, carece de naves laterales. **Franz Liszt** se retiró una vez al cercano monasterio franciscano (ya desaparecido); el lugar donde asistía a misa está indicado en un banco. Los frescos del techo representan la vida de la Virgen María. Hermoso púlpito de madera tallada decorado con los doce apóstoles.

Iglesia de la Universidad ★
(Egyetemi templom)
E6 - *Papnövelde utca 7* - Ⓜ *3, 4 Kálvin tér.*

Posiblemente la iglesia barroca más popular de la ciudad. Originalmente formaba parte de un convento de monjes de la Orden de San Pablo, la única orden religiosa fundada en Hungría en el siglo XIII abolida en 1782 durante el reinado de José II. El exterior es muy imponente. La fachada, rematada por un frontón decorado con el emblema de la orden, está enmarcada por dos campanarios coronados por una cruz. Las estatuas de San Pablo Ermitaño y San Antonio coronan el frontón. Una hermosa puerta de madera tallada revela un interior decorado con frescos (los que hay en la bóveda representan escenas de la vida de la Virgen), mármoles de imitación, ornamentos de oro y carpintería tallada. En el coro, sobre el altar, hay una copia de la Virgen Negra del monasterio de Jasna Góra (Polonia). El **púlpito**★★ así como otros ornamentos de madera tallada de la iglesia (confesionarios, balaustrada de la tribuna del órgano, bancos) fueron realizados por los monjes.

Iglesia serbia★
(Szerb templom)

E6-7 - *Szerb utca 2-4* - Ⓜ *3, 4 Kálvin tér.*
Esta iglesia ortodoxa del siglo XVII es uno de los testigos de la presencia serbia en este distrito en el pasado. Tras altas verjas y gruesos muros ocres, la iglesia se alza en medio de un jardín salvaje. Un lugar lleno de encanto y tranquilidad.

58

Váci utca ★
(Calle Váci)

D5-6 - Ⓜ *3, 4 Kálvin tér o* Ⓜ *3 Ferenciek tere.*
Otro lugar que no hay que perderse, sobre todo entre Vörösmarty tér y Szabadsajtó út, es la Calle Váci, la **calle comercial por excelencia**, pero también la calle de los turistas, con una sucesión de oficinas de cambio y tiendas de todo tipo con tentadores escaparates... Es una agradable calle peatonal en la que, músicos aficionados, mimos y otros artistas se encargan de entretener a los transeúntes con la esperanza de obtener algunos florines como recompensa, y en la que los vendedores de postales, guías y libros ilustrados sobre la ciudad han instalado sus puestos.
Váci utca es también una calle en la que merece la pena levantar la vista para admirar algunas fachadas: la del n.º 5, n.º 11 (*art nouveau*), n.º 13 (el edificio más antiguo de la calle, de estilo neoclásico), n.º 15 (fachada de madera tallada) y n.º 18 (cerámica).
En una pequeña plaza en la esquina de Régiposta utca se encuentra la **Fuente de Hermes (Hermész-díszkút)** mensajero de los dioses y, entre otras cosas, protector del comercio.
En los alrededores de Váci utca hay otras calles comerciales por las que merece la pena pasear: **Petőfi Sándor utca**, **Párizsi utca**, **Haris köz** y **Kígyó utca**.

Pasaje de París★
(Párisi udvar)

D6 - *Entrada por Szabadsajtó út-* Ⓜ *3 Ferenciek tere.*
En pleno centro de la ciudad, este pasaje es auténtico. En la fachada de las dos entradas y en el interior, hay mezcolanza arquitectónica: bizantina, morisca, veneciana, renacentista, neogótica e incluso modernista. El nombre alude a los pasajes cubiertos de moda en el París de finales del siglo XIX. El edificio, muy bien reformado, alberga un hotel de lujo. Una pausa en su Café o un almuerzo en su *Brasserie* es una buena oportunidad para disfrutar de la belleza del lugar.

Városház utca
(Calle Városház)

D5-6 - Ⓜ *3 Ferenciek tere.*
El **Ayuntamiento (Polgármesteri hivatal)** es un edificio de color rosa diseñado por el arquitecto austriaco Martinelli durante el período barroco «maduro» (después de 1710), pero parece más bien barroco temprano.

La distribución es sencilla, con grandes pasillos abovedados que conducen a las habitaciones y salas. Originalmente, era un lugar para soldados inválidos. La **Prefectura del Condado de Pest (Pest megyei Önkormányzat)** tiene su sede en este edificio neoclásico de color verde desde 1895. Como indican las placas del patio, aquí han trabajado políticos famosos (Lajos Kossuth, István Széchenyi) y escritores (Sándor Petőfi). El patio se puede visitar libremente.

Budapest Eye
(Oriaskerek)
D5 - *Erzsébet tér* - M *1 Vörösmarty tér* - *www.oriaskerek.com* - *de 11:00 a 23:00 h (vi. y sá. hasta 00:00 h)* - *400 Ft.*
La noria de Budapest se eleva 65 m sobre la ciudad para ofrecer una excepcional vista panorámica de 360°.

Szervita tér
(Plaza Szervita)
D5 - M *3 Ferenciek tere.*
En el borde de esta diminuta plaza destacan dos fachadas. La del **antiguo banco Török** (n.º 3) tiene una estructura de cristal y acero muy moderna, rematada por un magnífico mosaico alegórico que representa la historia de Hungría, mientras que la de la **Casa Rózsavölgyi** (n.º 5), ocupada por una tienda de discos (con una sala de conciertos en el piso de arriba), utiliza motivos folclóricos tradicionales estilizados que recuerdan al *art déco* (frisos que separan los pisos). Data de 1912 y fue diseñado por **Béla Lajta**, uno de los precursores de la arquitectura moderna en Hungría (☞ *pág. 130*).

Vörösmarty tér ★
(Plaza Vörösmarty)
D5 - M *1 Vörösmarty tér.*
Es la plaza por la que todo turista pasa al menos una vez. Su ubicación en el corazón del barrio peatonal la convierte en visita obligada. En el centro, está el **Monumento a Mihály Vörösmarty** en mármol de Carrara. Este poeta romántico de la primera mitad del siglo XIX (1800-1855) fue un ferviente patriota. En la base de la estatua, varias figuras declaman versos de su famoso poema *Szózat* (*Exhortación*, 1840), que se ha convertido en una canción nacional, una especie de segundo himno nacional, que se canta al final de las reuniones solemnes y que comienza así:
«Mantente fiel a tu patria, húngaro, es tu cuna.
Con su carne te alimentó y esta será tu tumba.»
En verano, músicos, pintores, retratistas y caricaturistas se reúnen alrededor del monumento, y las terrazas de los cafés se quedan pequeñas. En esta plaza está la famosa **pastelería Gerbeaud★** lugar

---

Sándor Petőfi (1823-1849)
Este poeta desempeñó un papel fundamental el 15 de marzo de 1848, enardeciendo a los habitantes de Pest con su poema titulado *Canción nacional*, un verdadero llamamiento a la lucha por la libertad de Hungría. Su personaje se ha convertido en leyenda, ya que nunca se encontró su cuerpo tras la batalla de Segesvár.

de encuentro de la alta sociedad a principios del siglo xx. Émile Gerbeaud, pastelero suizo, creó este establecimiento en 1884. Entra para ver el encantador y confortable interior de principios de siglo y disfruta de uno de sus maravillosos pasteles.

¡Toda una institución!

En la Plaza Vörösmarty, disfruta de un café y un pastel en el legendario salón de té Gerbeaud. *☞ pág. 93.*

Reducto de Pest★

(Pesti Vigadó)

D5 - Ⓜ *1 Vörösmarty tér.*

El Reducto de Pest está considerado un notable ejemplo del romanticismo húngaro. El palacio se construyó entre 1859 y 1864 según los planos de Frigyes Feszl, y se diseñó para celebrar brillantes ceremonias, conciertos, bailes y espectáculos. Su propósito original sigue vigente hoy en día, y el Reducto es uno de los teatros más renombrados de la ciudad. En el lado de la plaza, la fachada, salpicada de columnas rematadas por una corona, está ricamente decorada con esculturas y presenta un conjunto bastante heterogéneo.

Paseo del Danubio★★

(Duna korzó)

D5-6 - Ⓜ *3 Ferenciek tere.*

Este paseo que sigue el transcurso del río, desde Széchenyi tér hasta

Petőfi tér (estatua del poeta Sándor Petőfi frente al Hotel Marriott), es el panorama más hermoso de Budapest: se ven el Danubio, el Puente de las Cadenas, el Puente Elisabeth, el Castillo de Buda y la Colina Gellért. El espectáculo es aún más deslumbrante por la noche.

Iglesia parroquial del centro de la ciudad★

(Belvárosi plébánia templom)

D6 - Ⓜ *3 Ferenciek tere.*

La iglesia más antigua de la capital húngara se construyó en el emplazamiento de una fortaleza romana. Es uno de los monumentos emblemáticos de la ciudad, con sus dos campanarios simétricos que se elevan a ambos lados de un pórtico rematado por un frontón. El edificio combina varios estilos, que ilustran las diferentes épocas de su construcción. En el exterior, los contrafuertes góticos contrastan con la fachada barroca. Nada más cruzar la puerta, se vislumbra el coro gótico con bóveda de crucería, precedido por un arco triunfal. La nave barroca está cubierta por una bóveda de cañón. Los muros que separan el coro de la nave presentan tabernáculos de mármol rojo. Durante la ocupación turca, la iglesia se convirtió en mezquita, como demuestra el *mihrab* del cuarto nicho del ábside, a la derecha del coro. El púlpito es una bella obra barroca de madera tallada.

61

Erzsébetváros★

(Antiguo barrio judío)

Definido a grandes rasgos por Károly körút, Erzsébet körút, Dohány utca y Király utca, el antiguo barrio judío es ideal para pasear y descubrir su ambiente especial. También es un lugar de moda para los jóvenes de Budapest, que se reúnen por la noche en los «bares en ruinas», esos edificios desgastados que se reinventan con la vida nocturna.

▶ **Cómo llegar:** Ⓜ 2 Astoria, Ⓜ 1 Deák Ferenc tér; ▣ 47, 48, 49 Astoria; 🚌 7, 9 Astoria.

Mapa extraíble EF5.

▶ **Consejo:** completa tu descubrimiento del barrio judío con una visita al Centro Conmemorativo del Holocausto, en el Ferencváros (ⓒ *pág. 66*). Si planeas visitar varios museos o sitios, opta por la Budapest Card (ⓒ *pág. 114*).
ⓒ *Nuestras sugerencias, págs. 88, 93, 97, 102 y 109.*

Sinagoga de la calle Dohány ★★

(Dohány utcai zsinagóga)

E5 - *Dohány utca 2 -* Ⓜ *2 Astoria - trolebús 74 Nagy Diófa utca -* ✆ *(1) 413 5584 - www.dohany-zsinagoga.hu - de marzo a abril y octubre de do. a ju. de 10:00 a 18:00 h y vi. de 10:00 a 16:00 h; de mayo a septiembre de 10:00 a 20:00 h y vi. de 10:00 a 16:00 h; de noviembre a febrero de do. a ju. de 10:00 a 16:00 h y vi. de 10:00 a 14:00 h - visita guiada - 10 800 Ft; 10 % de descuento con la Budapest Card.*

La **mayor sinagoga** de Europa (y la segunda del mundo tras el Templo Emanu, en Nueva York), con capacidad para 3 000 personas, se construyó entre 1854 y 1859 según los planos del vienés Ludwig Förster. Inspirado en la arquitectura bizantino-morisca, es un bello edificio de ladrillo coloreado, decorado con cerámica y con dos torres bulbosas, similares a minaretes. El interior, con dos pisos de galerías de madera e iluminado por dos grandes lámparas de araña de 1,5 toneladas cada una, es majestuoso. Destaca la riqueza de la decoración, en particular la bóveda y el Arca de la Alianza, que alberga el objeto sagrado, la Torá, un rollo de pergamino con la Ley de Moisés.

Museo Judío
(Magyar Zsidó Múzeum)

La historia de la comunidad judía en Hungría y sus tradiciones está representada aquí en objetos, manuscritos, textiles y pinturas.

Parque Conmemorativo Raoul Wallenberg
(Raoul Wallenberg Emlékpark)

Unas 2000 personas están enterradas en este parque, donde un sauce llorón

La comunidad judía de Budapest

Los judíos, llegados principalmente de Europa Central en los siglos XVII y XVIII, se instalaron primero en Buda, en el distrito del Castillo. Los primeros años fueron difíciles para esta comunidad «extranjera», hasta que el emperador José II firmó un edicto de tolerancia (1783) que les concedía los mismos derechos que a los cristianos. En la segunda mitad del siglo XIX, los judíos se instalaron en Pest, donde una ley les autorizaba a convertirse en terratenientes. A finales de siglo, la comunidad judía, unos 170 000 miembros, era una de las más integradas de Europa. Tras la Primera Guerra Mundial, una oleada de antisemitismo recorrió el país. En 1938, Hungría, aliada de la Alemania nazi, promulgó leyes antisemitas. La situación empeoró en la primavera de 1944, tras la entrada de los alemanes en Hungría. A finales de 1944, los judíos de la capital estaban confinados en un gueto, mientras que los de las provincias eran asesinados o deportados por la Cruz Flechada, el partido fascista que llegó al poder en octubre. Se calcula que el 90 % de los 600 000 judíos de Hungría murieron durante la guerra.

de acero (1991), escultura de **Imre Varga**, honra la memoria de los judíos húngaros muertos durante la guerra. Una placa está dedicada a los Justos entre las Naciones, entre ellos Raoul Wallenberg, diplomático sueco que arriesgó su vida proporcionando salvoconductos a decenas de miles de judíos. Tras la liberación de Budapest, el Ejército Rojo se lo llevó a la URSS, donde desapareció. En el año 2000, los rusos reconocieron oficialmente su ejecución por las autoridades soviéticas.

Monumento a Carl Lutz
(Lutz Carl emlékmű)
E5 En **Dob utca, en el n.º 12** un monumento, que representa a un hombre de espaldas intentando levantarse y pedir ayuda a un ángel, rinde homenaje a Carl Lutz (1895-1975), diplomático suizo que arriesgó su vida para rescatar a muchos judíos.

Sinagoga de Rumbach ★
(Rumbach Zsinagóga)
E5 - *Rumbach Sebestyén utca 11-13* - Ⓜ *2 Astoria.*
Construida entre 1869 y 1872, es una de las primeras obras del arquitecto vienés Otto Wagner. La fachada del edificio, con sus ladrillos policromados y dos torres en forma de minarete (el mismo principio se aplica a la sinagoga de la calle Dohány), es de inspiración morisca, al igual que el interior octogonal ricamente decorado.

Café Nueva York ★
(New York Kávéház)
F5 - *Erzébet krt. 9-11* - Ⓜ *2 Blaha L. tér* - Ⓖ *pág. 93.*
El palacio Nueva York se construyó entre 1891 y 1895 para una compañía de seguros estadounidense. A principios del siglo XX fue un popular café para periodistas, escritores y poetas. Ha sido completamente restaurado y ahora es un hotel de lujo.

Cementerio Kerepesi★ y Ferencváros

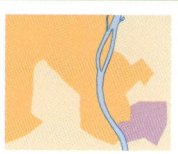

Los entusiastas de la arquitectura y los admiradores del estilo Secesión no se irán de Budapest sin visitar el Museo de Artes Aplicadas. Si dispones de un poco de tiempo, quédate en esta agradable zona para impregnarte de la nostalgia del Cementerio Kerepesi, y después disfruta del suave ritmo de vida de Ferencváros, un antiguo barrio obrero del siglo XIX, hoy convertido en bastión bobo, popular entre las familias por su proximidad al Danubio, sus jardines públicos y por su animado Mercado Central. Después, sigue hasta el Museo de Arte Contemporáneo, un poco apartado pero atractivo, con sus ricas colecciones modernas y su obra en torno a la vanguardia húngara.

▶ **Cómo llegar:** para Kerepesi: Ⓜ 2 o 4 Keleti pályaudvar; 🚋 24 Dologház utca. Para Ferencváros: Ⓜ 3 Corvin-negyed; 🚋 4, 6 Corvin-negyed.

▶ **Mapa extraíble GH5-8 y EF7-8.**

▶ **Consejo:** en el Mercado Central compensan los precios en relación con otros sitios donde son un poco más altos. Para los que tienen prisa, es una oportunidad para hacer algunas compras de *souvenirs*. Si planeas visitar varios museos o sitios, opta por la Budapest Card (☞ *pág. 114*).
☞ *Nuestras sugerencias, págs. 89 y 99.*

Cementerio Kerepesi★
(Kerepesi Temető)
GH 5-6 - *Fiumei út 16* - Ⓜ *2, 4 Keleti pályaudvar* - 📞 *70 400 8632 - abril y agosto de 07:00 a 19:00 h; de mayo a julio de 07:00 a 20:00 h; resto del año, consultar - entrada gratuita.*

Este cementerio ajardinado, equivalente al Père-Lachaise de París, se inauguró en 1847. En sus espléndidas callejuelas arboladas, el interés es enfrentar a la burguesía del Imperio austrohúngaro con los caciques de la ocupación comunista y a una especie de panteón de obreros. Algunas tumbas son el pretexto de verdaderos delirios arquitectónicos (drapeado de piedra en la tumba de Antall József, farandul de querubines en el yacente de Lujza Blaha, la famosa actriz). Aquí están enterrados muchos personajes famosos, como los poetas Mihály Vörösmarty y Attila József, y políticos (Ferenc Deák, Lajos Batthyány, Lajos Kossuth). Considerado el mayor parque de esculturas de Europa, es una fuente inagotable de inspiración para los fotógrafos. Cerca de la entrada principal, un pequeño **Museo Funerario** evoca los ritos de la muerte en Hungría, a través de una colección de coches fúnebres, catacumbas y urnas funerarias de la época *(de 09:00 a 17:00 h gratuito)*.

Jardín Botánico
(Füvészkert)
G7 - *Illés utca 25 -* Ⓜ *3 Klínicaák -*
✆ *(1) 210 1074 - www.fuveszkert.org -*
de abril a octubre de 09:00 a 17:00 h; de
noviembre a marzo de 09:00 a 16:00 h -
1900 Ft.
Con una rica historia que se remonta
al siglo XVIII, el Jardín Botánico de
Budapest se dedica a preservar
especies protegidas. Sus diversas
zonas al aire libre, estanques e
invernaderos exponen colecciones de
plantas locales y tropicales.

Centro Conmemorativo del Holocausto ★
(Holokauszt Emlékközpont)
F8 - *Páva utca 39 -* Ⓜ *3 Corvin-negyed -*
✆ *(1) 455 3333 - www.hdke.hu - todos*
los días excepto lu. de 10:00 a 18:00 h -
3600 Ft- no recomendado para niños.
El Centro Conmemorativo del
Holocausto es a la vez un museo y un
centro de investigación educativa.
Ofrece un relato conmovedor del
Holocausto en Hungría —desde la
privación de derechos a las víctimas
(judíos y gitanos) hasta su exterminio—
con una escenografía moderna
e impactante (bandas sonoras,
proyecciones de películas, actividades
interactivas). Una sinagoga alberga
exposiciones temporales.

Los muchachos de la calle Pál
F7 - *Práter utca 11-15 -*
Ⓜ *3 Corvin-negyed.*
Esta escultura de bronce representa
un juego de canicas entre niños: es
una escena de la novela homónima
escrita por **Ferenc Molnár** (1878-1952),

el autor más leído de Hungría. Fue
creada en 2007 para conmemorar
el centenario de la publicación de
lanovela.

Museo de Artes Aplicadas★★
(Iparművészeti Múzeum)
F7 - *Üllől út 33-37 -* Ⓜ *3 Corvin-negyed -*
www.imm.hu - cerrado por reformas.
☺ A la espera de su reapertura, una
selección de obras se expone en el
Museo György Ráth (☞ *pág. 49*).
Inaugurado en 1896 con motivo
de las celebraciones del milenio, el
edificio constituye por sí solo una de
las atracciones imprescindibles de la
ciudad. El arquitecto **Ödön Lechner**
(estatua en la fachada), apodado el
Gaudí húngaro, quiso utilizar este
edificio para ilustrar el estilo Secesión,
rama húngara del *art nouveau*, en el
que la inspiración oriental es evidente
(☞ *pág. 130*). Esta forma de arte se
expresa principalmente en los tejados
y las fachadas mediante una profusión
de coloridos adornos de cerámica con
motivos florales y animales. Admira
el techo del vestíbulo, una auténtica
constelación floral.
El interior, más sobrio, es igual de
impresionante. Bajo un gran techo
de cristal con armazón metálico,
un amplio vestíbulo está rodeado
de arcadas multilobuladas y
deslumbrantes balaustradas blancas.
Los fondos del museo incluyen cientos
de objetos sobre artesanía europea,
divididos en cinco grandes temas:
porcelana, cerámica y cristalería;
librería, cuero, encuadernación y
papel; textiles; madera, ebanistería y
carpintería; y metal y forja.

El Mercado Central.

Mercado Central ★★
(Vásárcsarnok)

E7 - *Vámház krt. 1-3 -* **M** *4 Fővám tér -* ☏ *(1) 366 3300 - www.piaconline.hu - lu. de 06:00 a 17:00 h; de ma. a vi. de 06:00 a 18:00 h; sá. de 06:00 a 15:00 h -* 🕑 *pág. 99.*

En cualquier ciudad, el mercado central cubierto es uno de los lugares por los que a la gente le gusta pasear para conocer la vida local.

Vista desde fuera, la fachada de ladrillo, con sus torres neogóticas, tejados de mayólica de Zsolnay, arcadas y un reloj en la parte central, llama la atención. Para algunos parece una estación de ferrocarril... Esta estructura, construida a finales del siglo XIX, formaba parte de un proyecto de cinco mercados cubiertos diseñado por el arquitecto Samu Petz. Las autoridades municipales habían decidido construir este tipo de mercado para sustituir a los mercados al aire libre, considerados insalubres por los malos olores que desprendían.

El interior, una inmensa nave con bóveda metálica, es aún más pintoresco que el exterior. La planta baja está repleta de puestos multicolores de frutas y verduras, ristras de ajos y guirnaldas de pimentón, por no hablar de los enormes salamis. En cuanto al *foie gras*, compara los precios: suele ser más barato lejos de la entrada. También encontrarás licores locales como el famoso aguardiente de albaricoque *(barackpálinka)* y el licor Unicum. En el piso superior, una galería recorre el edificio. Hay una sucesión de bares y puestos de comida, artesanía, vinos húngaros y, por último pero no por ello menos importante, una serie de puestos que ofrecen una amplia gama de mantelerías bordadas que reproducen un sinfín de motivos del folclore húngaro.

Bálna ★

(Bálna)

E7-8 - *Fővám tér 11-12 -* Ⓜ *4 Fővám tér -* Ⓜ *2 Zsil utca - www.balnabudapest.hu - de 10:00 a 20:00 h, vi. y sá. hasta 22:00 h.*
Con su enorme esqueleto alargado de cristal y acero, este **centro comercial y cultural**, inaugurado en 2013 tras una gran polémica sobre su aspecto, fue apodado Bálna («la Ballena») por los habitantes de Budapest, antes de ser rebautizado oficialmente como tal. Aunque su silueta vanguardista cambia radicalmente el aspecto del Danubio en este punto, se integra armoniosamente en el paisaje, sobre todo porque la estructura se basa en dos edificios antiguos restaurados. El «vientre de la ballena» alberga varias tiendas y restaurantes muy agradables con terraza sobre el río: perfecto para comer o tomar algo al final del día.

Museo Ludwig de Arte Contemporáneo ★★

(Ludwig Múzeum Budapest)

Fuera de mapa - *Komor Marcell utca 1 - HÉV 7 Közvágóhíd -* 🚊 *1, 2 Közvágóhíd -* ✆ *(1) 555 3444 - www. ludwigmuseum.hu - todos los días excepto lu. de 10:00 a 18:00 h - 3000Ft; incluido en la Budapest Card.*
El Museo de Arte Contemporáneo se ha trasladado del Palacio Real al **Palacio de las Artes (Müpa)**, aprovechando las posibilidades técnicas que ofrece este complejo. La superficie de exposición de más de 2700 m² ocupa tres plantas. Las dos primeras plantas están reservadas a exposiciones temporales de artistas húngaros e internacionales. La colección permanente, donada por Irene y Peter Ludwig (industrial alemán y gran coleccionista), se expone en la tercera planta. La colección no se limita a la donación Ludwig, ya que el museo sigue adquiriendo obras.
Entre los nombres más conocidos que ilustran las principales tendencias del arte moderno en el mundo figuran Pablo Picasso (tres obras tardías), Roy Lichtenstein, Jean Tinguely, Frank Stella, Joseph Beuys, Robert Rauschenberg, Claes Oldenburg, Andy Warhol y Jasper Johns. También se expone una obra de Yoko Ono: un ajedrez blanco sobre una mesa blanca. La vanguardia húngara (1956-1958) no pasa desapercibida, como tampoco la nueva generación de artistas: László Bartha, Béla Kondor, István Mazzag, entre otros.

Isla Margarita★★

(Margitsziget)

La isla Margarita se extiende en forma de almendra (2,5 km de largo y 500 m de ancho) entre los puentes Margarita y Árpád que la atraviesan. Un remanso de paz y verdor lejos del bullicio de las carreteras (no se permiten coches). Está considerado uno de los parques más bonitos de la capital.

▶ **Cómo llegar:** desde el sur de la isla: 🚊 4, 6 Margitsziget/Margit híd; HÉV 5 Margit híd; Ⓜ 3 Nyugati pályaudvar. Desde el norte de la isla: 🚊 1 Népfürdő utca/Árpád híd. En la isla: 🚌 26. **Mapa extraíble C1-2.**
☾ *Nuestras sugerencias, pág. 104.*

Puente Margarita
(Margit híd)

C2 El Puente Margarita es obra de un ingeniero francés, Ernest Goüin, quien, junto con la Sociedad de construcción de Batignolles, fue elegido para llevar a cabo el proyecto. Las obras comenzaron en 1872 y finalizaron en 1876. Curiosamente, este puente está formado por dos brazos que se unen en Isla Margarita, consiguiendo un ángulo de 150°. Las estatuas que adornan los pilares también son de origen francés, obra del taller parisino Thabard. Sitúate en el centro de la estructura y disfruta de la **vista★** del Danubio, atravesado por el Puente de las Cadenas, y de ambas orillas: a la derecha, el Castillo Real de Buda y la Iglesia de Matías; a la izquierda, Pest y el Parlamento. A lo lejos, a la derecha, asoman la Colina Gellért y el Monumento a la Liberación.

Monumento del Centenario
(Centenáriumi emlékmű)

C1 Cerca de la fuente que marca el extremo sur de la isla se alza el Monumento del Centenario, una atrevida escultura de bronce en forma de llama, inaugurada en 1972

Un remanso de paz

Aquí, los únicos vehículos que circulan por la isla son un autobús (el 26) que la atraviesa, un pequeño tren con ruedas de goma que la rodea, *buggies* eléctricos y ciclistas. De hecho, una forma estupenda de visitar la isla es alquilar una bicicleta (se alquilan cerca de la rotonda de la entrada a mano izquierda). Campos deportivos, piscina, playa, rosaleda, senderos sombreados, césped, merenderos, hoteles y restaurantes contribuyen a hacer de este lugar un sitio de ensueño para el ocio, el entretenimiento y la relajación. Los fines de semana de verano, los habitantes de Budapest acuden aquí con sus familias, para el disfrute de los niños… y vendedores ambulantes. Como balneario, Isla Margarita cuenta con una buena oferta de instalaciones de balneoterapia y alojamiento.

De Isla de las liebres a Isla Margarita

A los romanos que vivían en la cercana ciudad de Aquincum (◉ *pág. 75*) ya les gustaba acudir a la isla para tratar sus dolencias con aguas termales. La isla se convirtió entonces en el coto de caza de los gobernantes de la dinastía Árpád, de ahí su primer nombre de Isla de las Liebres. En el siglo XII, los monjes se instalaron aquí y construyeron monasterios. En el siglo XIII, tras sufrir varias derrotas a manos de los mongoles, el rey **Bela IV** juró que su hija Margit (Margarita) consagraría su vida a Dios una vez liberado el país. Fiel a su palabra, construyó un convento —cuyas ruinas aún pueden verse— para las monjas dominicas y admitió en él a su hija, que entonces tenía 9 años. La ocupación turca provocó la destrucción de los edificios religiosos y la isla quedó desierta hasta finales del siglo XIII, cuando pasó a ser propiedad de José, archiduque de Austria y príncipe palatino de Hungría. La transformó en un inmenso parque de recreo.

para conmemorar el centenario de la fusión de Buda, Pest y Óbuda. En el interior del monumento hay un curioso conjunto de objetos diversos (timón de barco, hélice, rueda dentada, etc).

Parque acuático Palatinus
(Palatinus strand baths)
Al norte de C1 Frente a Buda, junto al Danubio, el enorme complejo **Palatinus** (◉ *pág. 106*), con varias piscinas, una piscina de olas y una playa, puede albergar hasta 20 000 personas. En verano, ¡es una auténtica atracción!

Paseo de los Artistas
(Művészsétány)
Al norte de C1 El Paseo de los Artistas (bustos de famosos artistas húngaros: Franz Liszt, Ferenc Erkel, Mór Jókai...) conduce a una capilla neorrománica. Justo al lado, la **rosaleda** es un lugar especialmente encantador y fragante (¡pero no antes de mayo!).

Convento de los Dominicos
(Domonkos kolostor)
Al norte de C1 Las ruinas de este convento, donde vivió la princesa Margarita, se pueden ver en la vegetación del centro de la isla *(ver recuadro arriba)*.

Teatro al aire libre
(Szabadtéri színpad)
Al norte de C1 Al pie de la antigua **Torre del Agua** (1911), desde donde se puede admirar toda la ciudad desde una altura de 57 m *(500 Ft - incluido en la Budapest Card)*, está el **teatro al aire libre** (◉ *pág. 104*) en el que se representan obras teatrales y de danza durante la temporada de verano.

Fuente musical
(Zenélő szökőkút)
En norte de C1 Al norte de la isla, acercándose al Puente Árpád, un pequeño monumento circular montado sobre columnas servía antaño de fuente musical.

Rózsadomb

(Colina de las Rosas)

Rózsadomb recuerda a una pequeña comunidad residencial, con sus edificios de poca altura, casas confortables y pequeños jardines; un marcado contraste con la mucho más urbanizada orilla izquierda.

▶ **Cómo llegar:** 🚌 91; 🚋 4, 6, 17; HEV 5 Margit híd.
Mapa extraíble BC1-2.

Gül Baba utca
(Calle Gül Baba)
B1 Esta encantadora, estrecha y pintoresca callejuela, de empinada pendiente y adoquines desiguales, comienza al pie de la colina. ¡No lleves tacones de aguja!

Mausoleo de Gül Baba
(Gül Baba türbe)
B2 - *Mecset utca 14 - ✆ (1) 618 3842 - todos los días excepto lu. de 10:00 a 18:00 h - gratuito.*
A media altura de la calle Gül Baba, una escalera a la izquierda conduce al mausoleo de Gül Baba, un edificio octogonal coronado por una cúpula y una media luna. Mantenido por el gobierno turco, es lugar de peregrinación para musulmanes de todo el mundo. Gül Baba, el padre de las rosas, fue un derviche de la Orden Bektachi (la estatua de la entrada lo muestra con una rosa en el turbante). Vivió en el siglo XVI, participó en la conquista de Buda y se dice que introdujo las primeras rosas.
Murió durante un oficio religioso celebrado en la Iglesia de Matías, transformada entonces en mezquita. El sultán Solimán el Magnífico asistió en persona a su funeral. La tumba está cubierta con una tela verde con versículos del Corán. En el interior del mausoleo también pueden verse alfombras de oración y objetos religiosos.
Desde una pequeña torre situada en el exterior del santuario puedes disfrutar de las **vistas** de la ciudad.

Balneario de Lukács ★
(Lukács Gyógyfürdő)
C1 - *Frankel Leó út 25-29 - ☞ pág. 106.*
Este balneario medieval fue reconstruido en 1884. Las paredes están decoradas con estatuas exvoto que atestiguan los beneficios de las aguas, cuya temperatura oscila entre los 22 y los 40 °C. La decoración es bastante corriente. La atracción principal es el parque sombreado, lugar de encuentro de artistas.

Óbuda★ y las colinas de Buda

Este barrio, o más bien suburbio, del distrito III, ciudad autónoma hasta 1873, es la parte más antigua de Budapest, ya que los romanos establecieron aquí la capital de la provincia de Panonia. En aquella época, había una ciudad militar y, cerca, una ciudad «civil», Aquincum, de la que aún se conservan importantes vestigios para visitar. Muy cerca, las colinas de Buda ofrecen una parada bucólica y unas vistas asombrosas de la capital.

▶ **Cómo llegar:** norte de Buda - HÉV 5 hacia Szentendre.
▶ **Consejo:** si planeas visitar varios museos o sitios, opta por la Budapest Card (👁 *pág. 114*).
Fuera del mapa extraíble.

Óbuda★

Fő tér★
HÉV 5 Szentlélek tér.
Esta pequeña **plaza adoquinada**, bordeada de opulentos edificios de estilo barroco, tiene un aire «muy provinciano». También merece la pena pasear por las callejuelas de los alrededores, con sus casas de colores y sus farolas antiguas. En verano, las terrazas de los cafés y restaurantes invitan a detenerse. Este apacible barrio hace olvidar rápidamente los impersonales edificios que se alzan al fondo, fruto de un programa urbanístico iniciado en los años 60. En la esquina de Hajógyár utca y Laktanya utca, hay un grupo de cuatro mujeres, cada una cobijada bajo un paraguas. Se trata de una **escultura** de bronce del artista **Imre Varga** (1923-2019).

Museo Vasarely★
(Vasarely Múzeum Budapest)
Szentlélek tér 6 - HÉV 5 Szentlélek tér;
🚋 *1 - 🕾 (1) 388 7551 - www.vasarely.hu - todos los días excepto lu. y ma. de 10:00 a 18:00 h - 2400 Ft; incluido en la Budapest Card.*
El artista **Victor Vasarely** (Győző Vásárhelyi - 1908-1997) donó varios centenares de sus obras a su país natal, que se exponen en esta parte del Castillo de Zichy. Las composiciones expuestas (pinturas, dibujos, tapices) muestran la evolución de su arte, que hace un uso sistemático de la ilusión óptica, combinando formas geométricas y colores. Las obras se exponen en un marco luminoso y contemporáneo. A los entusiastas les encantará.

Galería de Budapest
(Budapest Galéria)
Lajos utca 158 - HÉV 5 Szentlélek tér;
🚋 *1 - 🕾 (1) 388 6784 -*

www.budapestgaleria.hu - todos los días excepto lu. de 10:00 a 18:00 h - a partir de 1000 Ft.

Cerca del museo Vasarely, esta galería está dedicada al arte contemporáneo.

Museo Húngaro del Comercio y la Restauración
(Magyar kereskedelmi és vendéglátóipari Múzeum)

Korona tér 1 - HÉV 5 Szentlélek tér; Tram *1 - ℘ (1) 375 6249 - www.mkvm. hu - todos los días excepto lu. de 10:00 a 18:00 h - 3000 Ft; incluido en la Budapest Card.*

La antigua casa del escritor húngaro GyulaKrúdy alberga carteles, vajillas y objetos *vintage* relacionados con el comercio. Las reconstrucciones de tiendas del pasado (ferreterías, confiterías y cafeterías…) entretendrán a los niños.

Aquincum★

Szentendrei út 135 - HÉV 5 Aquincum luego 15 min a pie o 🚌 *134 Záhony utca;* 🚌 *34, 106 Záhony utca - ℘ (1) 250 1650 - www.aquincum.hu - museo: de abril a octubre todos los días excepto lu. de 10:00 a 18:00 h; de noviembre a marzo todos los días excepto lu. de 10:00 a 16:00 h - las ruinas: de abril a octubre todos los días excepto lu. de 09:00 a 18:00 h; resto del año según condiciones meteorológicas - 2200 Ft; incluido en la Budapest Card.*

El yacimiento está formado por las ruinas de Aquincum, una ciudad fundada en el siglo I y un museo arqueológico.

Con una longitud de 600 m y una anchura de 400 m, rodeado de murallas protectoras, Aquincum vivió su apogeo en el siglo II y III. Estaba poblada principalmente por comerciantes y artesanos y rebosaba de actividad. En aquella época, Óbuda y Aquincum contaban con más de 60 000 habitantes. En el año 124, con el emperador Adriano, Aquincum se convirtió en un municipio que se regía según sus propias leyes, aunque seguía bajo la autoridad de Roma. En el año 194, con el emperador Septimio Severo, se convirtió en colonia romana. A finales del siglo IV sufrió los ataques de los invasores orientales. La ciudad entró en decadencia y, en el siglo V, los hunos asestaron el golpe final.

Las **ruinas** muestran el trazado de la ciudad: calles que se cruzan en ángulo recto, una red de desagües y alcantarillas, y la ubicación de los distintos edificios. A la derecha (frente al museo) se encontraban las termas públicas y el gran mercado cubierto *(macellum)*, y más allá los talleres de los artesanos, los puestos de los mercaderes y las viviendas. En el extremo del recinto, en un pequeño edificio —antiguas termas que formaban parte de una casa particular— se expone un fragmento de mosaico que representa una escena de lucha. Unos pasos más a la izquierda, otro pequeño edificio (con un reloj de sol en la entrada) contiene otros bellos ejemplos de mosaicos.

Al volver por el mismo camino hacia el museo, verás el santuario de Mitra, el dios persa del sol celebrado por los griegos y más tarde, por los romanos, así como la Casa del Pintor, reconstrucción de una vivienda del siglo III.

75

El primer edificio, cerca de la entrada, cuenta la historia de Budapest desde el Paleolítico. Presenta los productos de las excavaciones realizadas en el yacimiento (estatuas, bajorrelieves, monedas, cerámica, herramientas y objetos de la vida cotidiana), así como exposiciones temporales. Los juegos virtuales, que incluyen la posibilidad de desafiar a un gladiador, atraerán a los visitantes más jóvenes. Un segundo edificio, situado más adelante, también alberga exposiciones temporales.

Colinas de Buda
(Budai-Hegység)

Al oeste de Buda se encuentra un paraje sorprendentemente verde, a pocos kilómetros de la turbulenta ciudad, sofocante en los días calurosos. Las colinas de Buda ofrecen rutas de senderismo por bosques, merenderos y miradores.

Tren de los Niños★
(Gyermekvasút)

Széchenyi-hegy y Hűvösvolgy - 56, 56A, 59B, 61 a Hűvösvolgy a Városmajor, luego el funicular 60 a Széchenyi-hegy - ☎ (1) 397 5394 - www.gyermekvasut.hu - normalmente de 09:00 a 18:00 h (consultar en la web) - cerrado lu. (excepto en verano) - paseo en tren 1800 Ft (niños 900 Ft).
El Tren de los Niños o **Tren de los Pioneros** (movimiento juvenil creado bajo el «antiguo régimen») es una atracción original. La forma más agradable de llegar es tomar el pequeño tren de cremallera situado frente al Hotel Budapest, reconocible

por su forma cilíndrica *(Szilágyi Erzsébet fasor 47)*. Desde la estación de arriba, dirígete hacia la emisora de televisión, junto a ella se halla la pequeña estación del Tren de los Niños. A excepción de la locomotora, que la conduce un adulto, todos los servicios (venta de billetes, inspección, señal de salida) los gestionan niños que, para la ocasión, visten el uniforme oficial y saludan militarmente a cada salida y llegada. El recorrido, en su mayor parte forestal, es muy agradable. Hay varias paradas a lo largo del recorrido, que suman unos 12 km. Desde cada estación, se puede dar un paseo por el campo. Desde la terminal (Széchenyi-hegy), hay que tomar el autobús 158 o el tranvía 56 hasta Széll Kálmán tér.

Monte János
(Mont János)

🚌 *291 hasta Nyugati pályaudvar, terminal Zugliget, luego telesilla Libegő - ☎ (1) 391 0352 - www.bkv. hu - horario según la duración del día (de 10:00 a 19:00 h) - cerrado algunos lu., sá. y do. - 3500 Ft.*
El Monte János es la colina más alta de Buda (526 m). En la cima, gira a la derecha por un camino que sube hasta una torre de observación neorrománica, desde donde disfrutarás de una **vista panorámica★★** de la ciudad magnífica. 😊 Se puede llegar a la torre en el Tren de los Niños. Bájate en la estación de János-hegy, luego toma el camino que sube por medio de la naturaleza (30 min de caminata).

El sur de Budapest

Aunque comparten proximidad geográfica, el Parque de las Estatuas y el Museo del Castillo de Nagytétényi son polos opuestos: el primero se centra en el período comunista, el segundo en los muebles antiguos Ambos merecen una visita, sobre todo porque son de fácil y rápido acceso en transporte público.

Parque de las Estatuas ★
(Memento Park)

15 km al sur del centro de la ciudad - Ⓜ 4 Kelenföld pályaudvar, luego 🚌 101 o 150 hasta Memento Park (entre 15 y 30 min); autobús directo desde Ⓜ Deák tér a las 11:00 h (acera frente al Hotel Ritz-Carlton: 4900 Ft, incluida en la Budapest Card). - ☎ (1) 424 7500 - www.mementopark.hu - de 10:00 a 18:00 h - 3000 Ft; incluida en la Budapest Card.

Nunca visto. Un buen número de estatuas y conjuntos monumentales erigidos durante la época comunista (de 1945 a 1989) han sido desmontados y reunidos en este parque creado a propósito. Monumentos a la gloria de tal o cual personalidad, del movimiento obrero, de la amistad soviético-húngara, de la brigada húngara durante la guerra española, el conjunto es bastante impresionante. Los aficionados a la fotografía están de enhorabuena.

En la entrada, es inevitable toparse con el Trabant, el coche emblemático del antiguo bloque soviético, fabricado en la RDA.

El cine (frente a la entrada) proyecta películas sobre los servicios secretos y sus expeditivos métodos. En la tienda: pasaportes soviéticos, carteles, imanes, tazas que repasan los símbolos comunistas, etc.

Museo del Castillo de Nagytétényi ★
(Nagytétényi Kastélymúzeum)

15 km al suroeste del centro de la ciudad - Kastélypark utca 9 - Ⓜ 4 Móricz Zsigmond körtér, luego 🚌 33 o 33A hasta PetőfiSándor utca y 5 min a pie - ☎ (1) 207 0005 - www.imm.hu - cerrado por obras.

Este castillo del siglo XVIII alberga una interesante colección de muebles antiguos (pertenecientes al Museo de Artes Aplicadas). Es una visita muy agradable, gracias a la diversidad y calidad de las piezas expuestas y, sobre todo, a la forma inteligente en que se han organizado las relaciones entre cada elemento y cada época. Se puede apreciar la riqueza y la inventiva de los artesanos que fabricaron estos muebles desde la Edad Media hasta el siglo XIX.

Castillo Real de Gödöllő★★

(Gödöllői Királyi Kastély)

La ciudad de Gödöllő (pronunciado «Gueudeuleu») atrae tanto a los habitantes de Budapest como a los turistas por su castillo real, un hito histórico vinculado a la memoria del emperador Francisco José y la emperatriz Isabel, más conocida como Sissi.

▶**Cómo llegar:** 28 km al noreste de Budapest - Ⓜ 2 hasta Örs vezér tere, después HÉV 8 hasta Gödöllő Szabadság tér.

🕿 28 410 124 - www.kiralyikastely.hu - de 10:00 a 18:00 h; de noviembre a marzo de 10:00 a 16:00 h, sá. y do. hasta 17:00 h - 4 600 Ft- 20 % de descuento con la Budapest Card.
El Castillo Real de Gödöllő, con una superficie de 1700 m² y un parque de 28 ha, está considerado el castillo barroco más importante de Hungría. Más allá de un puente de piedra, la fachada principal se abre a un patio abovedado con un hermoso balcón de hierro forjado que descansa sobre cuatro columnas gemelas de mármol rojo adornadas con capiteles jónicos. En el centro de la balaustrada está el escudo de armas de los Grassalkovich. El castillo tiene la particularidad de contar con siete alas perpendiculares entre sí en la parte posterior del edificio. Los pisos reales se han reconstruido fielmente y una exposición rinde homenaje a la emperatriz Sissi. Una sección está dedicada a la época de Grassalkovich, ilustrando el período barroco del castillo, que alberga un teatro de esta época.

Un poco de historia

Un gran señor húngaro, el conde Antal Grassalkovich I, construyó el castillo en el siglo XVIII. El Estado húngaro adquirió la propiedad del castillo en 1867. Renovado en seis meses bajo la dirección del arquitecto Miklós Ybl, fue presentado al emperador **Francisco José** de Austria y a la emperatriz Isabel para su coronación como reyes de Hungría. A la familia real le gustaba venir a Gödöllő para descansar lejos del protocolo de la corte vienesa. En 1920, recién nombrado regente, el general Horthy convirtió la propiedad en su residencia de verano e hizo construir un búnker para él. Durante la Segunda Guerra Mundial, las tropas alemanas saquearon el castillo. Las tropas soviéticas lo convirtieron en hospital militar, tras quemar todo el mobiliario.

NUESTRAS SUGERENCIAS

Pasteles húngaros *(krémes)*.
Eva-Katalin/Getty Images Plus

Dónde comer

En **Belváros**, la calle Ráday(Ⓜ 3 o 4 Kálvin tér) alberga varios restaurantes sencillos y agradables. En la **Avenida Andràssy**, en la Plaza Liszt Ferenc (Ⓜ 1 Oktogon), se puede comer hasta muy tarde. En **Erzsébetváros**, la Dob utca (Ⓜ 1, 2 o 3 Deák Ferenc tér) es una apuesta segura. A mediodía, la mayoría de los restaurantes ofrecen un menú a buen precio *(mai menü)*. Por lo demás, los platos son a la carta. Nuestros rangos de precios corresponden al precio del plato más barato/más caro del menú.

 Tipos de establecimientos, pág. 116; Gastronomía húngara, pág. 135.

 Localiza en el mapa las sugerencias marcadas en círculos numerados (ej. ❶). Las coordenadas en rojo (ej. C2) se refieren al mapa extraíble (en el interior de la cubierta).

Castillo de Buda

De 10 a 25 € (3980/9935 Ft)

㉑ Felix Kitchen & Bar- **C6** - *Ybl Miklós tér 9 -* 🚊 *19, 41, N19 -* ✆ *(30) 735 5041 - www.felixbudapest. com - platos 5990/23 990 Ft.* Tras una hermosa fachada neorrenacentista, en un edificio que antaño abastecía de agua al castillo, este restaurante sirve una cocina refinada en un ambiente de lujo. Una buen sitio.

Más de 25 €(9935 Ft)

❺ Déryné - **B5** - *Krisztina tér 3 -* 🚊 *56, 56A, N18 -* ✆ *(1) 225 1407 - www.deryne.com - platos 7980/16 980 Ft.* Lejos de las multitudes de turistas, este moderno restaurante de decoración retro sirve una cocina creativa y sabrosa. Se puede comer aquí desde el desayuno hasta la cena, a veces alargando la comida con una copa para escuchar los conciertos de piano o de *jazz* gitano que tienen lugar algunas noches. Excelente repostería.

Várnegyed

Plano del barrio pág. 21

De 10 a 25 € (3980/9935 Ft)

❹ 21 Hungarian Kitchen - **B4** - *Fortuna utca 21 -* Ⓜ *4 Széll Kálmán tér -* ✆ *(1) 202 2113 - www.21restaurant. hu - platos 5180/8460 Ft.* Disfruta de la terraza durante el día. Por la noche, se aprecia aún más el agradable ambiente de bistró y la manera del chef de incluir en la cocina tradicional húngara sabores contemporáneos. Si te pica la curiosidad, prueba el helado de pimentón servido con salchicha...

⑰ Pingrumba - **A3** - *Széll Kálmán tér 6 -* Ⓜ *4 Széll Kálmán tér -* ✆ *(70) 626 3042 - www.pingrumba.hu - cerrado al mediodía de lu. a mi. - platos 3300/6900 Ft.* Granada, *tahini,* hummus, cebolla roja, higo, cilantro... Si estos ingredientes te hacen la boca agua, este restaurante no te decepcionará, su cocina es mediterránea con aires persas e indios. Deliciosos y coloridos aperitivos para

compartir mientras te tomas un agua de coco, un cóctel o una cerveza IPA. Ambiente musical agradable y decoración contemporánea.

Más de 25 € (9935 Ft)

3 **Café Pierrot** - **B4** - *Fortuna utca 14* - Ⓜ *4 Széll Kálmán tér* - ✆ *(1) 375 6971 - www.pierrot.hu - platos 6960/22180 Ft.* Cocina tradicional y refinada en un ambiente elegante, con un guiño a Pierrot. Cuando hace buen tiempo, agradable jardín.

Colina Gellért

Hasta 10 € (3980 Ft)

❤️ **1** **Hummusbar** - **D8** - *Bartók Béla út 6* - Ⓜ *4 Szent Gellért tér* - ✆ *(70) 932 8029 - hummusbar.eu - platos 2690/3890 Ft.* Cadena de restaurantes dedicados a la cocina de Oriente Medio (¡más de una docena en la capital!). En el menú: pitas, *shakshuka* (plato de huevos), falafel y... ¡hummus! Deliciosos y baratos. Un concepto sano y emocionante.

6 **Palack Wine bar** – **D8** - *Szent Gellért tér 3* - Ⓜ *4 Szent Gellért tér* - ✆ *30) 997 1902 - www.palackborbar.hu - platos 1990/3490 Ft.* Un excelente lugar para descubrir los vinos húngaros mientras saboreas unas tapas de embutidos o quesos, ensaladas, en un ambiente moderno donde predomina la madera y donde reina un ambiente ligeramente chic pero relajado. Se organizan veladas de degustación y conciertos.

Víziváros

Hasta 10 € (3980 Ft)

7 **Nagyi Palacsintázója** – **C3** - *Batthyány tér 5* - Ⓜ *2 Batthyány tér -*

24 h al día - crepes 390/990 Ft. Esta sucursal de una cadena de creperías, muy popular entre los residentes de Budapest, es perfecta para un almuerzo rápido. En cualquier momento del día, puedes disfrutar de *sós rakott tejföllel* (lasaña hecha de crepes acompañada de crema agria) o crepes dulces de semillas de amapola (*makos*), guindas (*meggyes*)... Equipado con su bandeja, Puedes subir al entrepiso para contemplar la emoción de la Plaza Batthyány y, más allá, el Danubio.

Lipótváros

Hasta 10 € (3980 Ft)

9 **Nemsüti** - **D2** - *Jászai Mari tér 4/b* - Ⓜ *3 Nyugati pályaudvar,* 🚋 *4, 6 Jászai Mari tér* - ✆ *(70) 621 1123 - www.nemsuti.hu - cerrado tardes, sá. y do. - desayuno 3500 Ft.* Antes de dar un paseo por Isla Margarita, haz una parada en este bar de bocadillos con fama de servir los mejores platos vegetarianos de Budapest: ensaladas, sopas, platos más contundentes y deliciosos pasteles y zumos de frutas.

De 10 a 25 € (3980/9935 Ft)

8 **Textúra** - **D4** - *Sas utca 6* - Ⓜ *1 Bajcsy-Zsilinszky út* - ✆ *(30) 787 1051 -www.texturaetterem. hu - cerrado do. y festivos - platos principales 4950/11 550 Ft - menú degustación 38 000 Ft.* El segundo establecimiento de Ákos Sárközy, una de las estrellas de la cocina húngara, ha abierto sus puertas a dos pasos de la Basílica de San Esteban. Después de la vinoteca que tiene enfrente, Borkonyha *(ver más adelante)*, el chef galardonado con una estrella Michelin, ha creado un local con una cocina igual de refinada en un entorno ligeramente más moderno. ¡Una apuesta acertada!

11 Tom-George Italiano - **D4** - *Október 6 utca 8 - Ⓜ 1 Bajcsy-Zs. út - ✆ (20) 266 3525 - www.tomgeorge. hu - platos 4990/18 990 Ft - pizzas 4990/6290 Ft.* Junto a la Basílica de San Esteban, un restaurante acorde con los tiempos: comida fusión y decoración de diseño. Cocina fresca y creativa que une Hungría, Asia y el Mediterráneo.

Más de 25 € (9935 Ft)

2 Saint-Andrea - **D3** - *Bajcsy-Zsilinszky utca 78 - Ⓜ 3 Nyugati pályaudvar - ✆ (30) 488 2902 - www. standrearestaurant.hu - cerrado sá. y do. - platos 3700/18 500 Ft.* La cocina húngara moderna y el vino son los protagonistas de este establecimiento, cuyos propietarios tienen también una finca vinícola en la región de Eger, al noreste del país. Es la oportunidad perfecta para que los amantes del vino descubran el terreno y el vino de Hungría.

12 Borkonyha - **D5** - *Sas utca 3 - Ⓜ 1 Bajcsy-Zsilinszky út - ✆ (1) 266 0835 - www.borkonyha.hu - cerrado do. y almuerzos (excepto sá.) - platos 8150/14 950 Ft.* Este elegante bistró, cerca de la Basílica de San Esteban, es espacioso y moderno, y combina vinos húngaros (¡más de 200 tipos servidos por copas!) con una elaborada cocina: panceta de cerdo con trufas, pichón con almendras y remolacha, hígado de pato con citronela o trucha del norte de Hungría.

Avenida Andrássy

Hasta 10 € (3980 Ft)

14 Két Szerecsen - **E4** - *Nagymező utca 14 - Ⓜ 1 Opera - ✆ (1) 343 1984 - www.ketszerecsen.hu - platos 3490/5990 Ft.* La céntrica ubicación y el ambiente acogedor de este bistró atraen a una clientela asidua. Sin ser alta cocina, las sopas, ensaladas y platos franco-húngaros del día satisfacen a los comensales. Terraza en verano.

16 Coch In - **E4** - *Lázár utca 7 - Ⓜ 1 Opera, Ⓜ 3 Arany János utca - ✆ (20) 298 9929 - cerrado do. y mediodía - platos 1590/4090 Ft.* Especializado en cervezas checas, este agradable bar cerca de la Ópera ofrece una gran variedad de cocina centroeuropea a precios razonables, para degustar en la barra o en la sala con paneles de madera.

18 Szendvics Duran - **D5** - *Bajcsy-Zsilinszky út 7 - Ⓜ 1 Bajcsy-Zsilinszky út - ✆ (1) 267 9624 - www.duran.hu - cerrado por las tardes - 390/900 Ft.* Esta cadena ofrece una amplia gama de pequeños bocadillos y canapés, para comer en el local o para llevar. Perfecto para reponer fuerzas antes de recorrer la Avenida Andrássy.

De 10 a 25 € (3980/9935 Ft)

13 M. Étterem - **E4** - *Kertész utca 48 - Ⓜ 1 Opera u Oktogon, Tram 4, 6 Király utca - ✆ (20) 975 5013 - www.metterem. hu - cerrado de lu. a mi. y mediodías - platos 4100/7900 Ft.* Muy cerca del Conservatorio de Música, cocina húngara bastante económica. Entre la clientela hay artistas y amigos del propietario, que habla un francés casi impecable.

16 **Menza** - **E4** - *Liszt Ferenc tér 2 -* Ⓜ *1 Oktogon,* 🚋 *4, 6 Oktogon - ✆ (30) 145 4242 - www.menzaetterem.hu - platos 3490/5990 Ft.* Es difícil pasar por alto este lugar en la popular Liszt Ferenc tér. Sirve buenas recetas húngaras en una decoración que recuerda a una cantina socialista de los años 50. A menudo está abarrotado y, por tanto, es ruidoso, pero la comida y el servicio son decentes.

Városliget

De 10 a 25 € (3980/9935 Ft)

20 **Robinson** - **G1** - *Városligeti tó -* Ⓜ *1 Széchenyi Fürdő - ✆ (1) 422 0222 - www.robinsonrestaurant.hu - platos 5200/9600 Ft.* Con los pies en el agua, esta pequeña locura al estilo del siglo XIX construida en un islote boscoso del Parque Városllget, es una encantadora escapada del ajetreo de la ciudad. Disfruta de la cocina húngara y mediterránea mientras contemplas el Castillo de Vajdahunyad. Un guitarrista acompaña las cenas.

22 **Pántlika** - **H1** - *Hermina út 47 -* Ⓜ *1 Hősök tere - ✆ (70) 376 9910 - www.pantlika.hu - cerrado fuera de temporada - platos 3390/4590 Ft.* Ambiente *guinguette* a la sombra de los árboles del Parque Városliget. Sobre manteles de cuadros rojos y blancos, puedes sentarte a tomar una limonada, un café o una cerveza y, si tienes hambre, puedes picar una hamburguesa con hummus o *pulled pork* con salsa barbacoa, ¡que está muy de moda!

Belváros

Hasta 10 € (3980 Ft)

23 **Fatâl** - **D6** - *Váci utca 67 -* Ⓜ *3, 4 Kálvin tér,* Ⓜ *3 Ferenciek tere - ✆ (1) 266 2607 - cerrado lu. y ma. - platos 3390/3690 Ft.* La gente hace cola aquí por su entorno y originalidad. Decoración: una larga bodega abovedada, grandes mesas comunales, ambiente rústico y acogedor. Comida: los platos, (copiosos y abundantes), se sirven en tablas de madera (fatál, en húngaro) o directamente en sartenes. Un lugar que apuesta por las raciones gigantescas.

25 **Csendes Társ** - **E6** - *Magyar utca 18 -* Ⓜ *2 Astoria - ✆ (30) 727 2100 - platos 2700 Ft.* A la entrada del Parque Károlyi Kert, se puede disfrutar de un bocadillo BLT (bacon, lechuga, tomate) regado con limonada fresca. La terraza, muy agradable en verano, también es perfecta para tomar una copa por la noche.

36 **Kiosc** - **D6** - *Március 15 tér 4 -* Ⓜ *3 Ferenciek tere - ✆ (70) 311 1969 - www.kiosk-budapest.hu - menú 3550/7950 Ft.* Puedes sentarte en este bonito local con una decoración industrial chic y disfrutar del menú del día o elegir una hamburguesa (opción vegetariana) o una ensalada del menú a la carta. La terraza con vistas al Danubio también es muy popular entre turistas y lugareños.

Más de 25 € (9935 Ft)

27 **Ónice** - **D5** - *Vörösmarty tér 7-8 - entrada por r. Harmincad -* Ⓜ *1 Vörösmarty tér - ✆ (30) 508 0622 -*

www.onyxmuhely.hu - cerrado do. y mediodía - menús a partir de 42 000 Ft. Es el restaurante de la muy chic Maison Gerbeaud, con sus camareros enguantados y su decoración Grand Siècle. Aquí podrás descubrir la cocina húngara contemporánea de la más alta calidad: *foie gras* con guindas, morcilla con endivias y remolacha, cochinillo con tomates ahumados, etc. Maridado con una selección de los mejores vinos locales. Imprescindible reservar.

Erzsébetváros

Hasta 10 € (3980 Ft)

🔟 **Passage Gozsdu** - **E5** - *Gozsdu Udvar* - Ⓜ *1, 2 o 3 Deák Ferenc tér*. Tapas, *goulash*, fideos fritos tailandeses o pasta italiana... Esta zona ineludible del barrio está llena de restaurantes y bares donde podrás conocer a los jóvenes de Budapest y a los turistas... y turistas. Agradables terrazas cuando hace buen tiempo donde la cerveza fluye libremente.

❤️ 38 **Karaván** - **E5** - *Kazinczy utca 18* - Ⓜ *2 Astoria o Blaha Lujza tér*. La moda de la comida callejera también arrasa en Budapest En este pequeño espacio al aire libre, varios camiones ofrecen comida para llevar o para comer en una de las mesas *in situ*: hamburguesas, ensaladas, tortitas, pasta, perritos calientes y embutidos, platos vegetarianos indios, helados... ¡Hay para todos los gustos!

De 10 a 25 € (3980/9935 Ft)

28 **Mazel Tov** - **E4** - *Akácfa utca 47 - 4, 6 Erzsébet körót* - ✆ *(70) 626 4280 - www.mazeltov.hu - platos 3990/8490 Ft*. Deliciosa comida

Paprika.

callejera israelí (bocadillo de *shawarma*) o platos más elaborados (cordero con berenjenas a la parrilla) servidos bajo un techo de cristal muy agradable. Banda de *jazz* por la noche y almuerzo los domingos. Imprescindible reservar para evitar cenar en la sala contigua, poco interesante.

29 **Spinoza** - **E5** - *Dob utca 15* - Ⓜ *1, 2 o 3 Deák Ferenc tér* - ✆ *(1) 413 7488 - www.spinozahaz.hu - cerrado ma. y mi. y almuerzo- platos 4950/6950 Ft*. En pleno barrio judío, carnes empanadas y cocina tradicional húngara en un ambiente musical (piano a partir de las 19 h). Puedes elegir la opción de desayuno. Conciertos regulares en el pequeño teatro de la parte trasera. Periódicos disponibles.

30 **Tati Farm to Table** - **F5** - *Dohány utca 58-62* - Ⓜ *2 Blaha Lujza tér* - ☎ *(70) 578 6579* - *www. tatibudapest.com* - *platos 2480/13 980 Ft* - *10 % de descuento con la Budapest Card.* Las frutas y verduras que se preparan aquí proceden de la granja de los propietarios de este elegante y refinado establecimiento. De 8:00 a 15:30 h, los platos se presentan en modo *brunch* (pan frito, pan y verduras)ángos y deliciosos bocadillos). A partir de las 17:00 h, la cocina húngara (cerdo mangalica asado, *goulash*) se vuelve más elaborada, pero se sigue sirviendo en hermosas cerámicas hechas a mano. Seleccón de vinos locales ecológicos y naturales.

31 **Kazimir** - **E5** - *Kazinczy utca 34* - Ⓜ *1, 2 o 3 Deák Ferenc tér* - ☎ *(20) 618 7303* - *Facebook* - *cerrado lu.* - *platos 3490/8690 Ft.* Frente a la sinagoga ortodoxa, este restaurante sirve cocina tradicional. Cálida acogida y frecuentes (¡y gratuitos!) conciertos de *jazz* a las 21:00 h.

32 **Kőleves** - **E5** - *Kazinczy utca 41* - Ⓜ *1, 2 o 3 Deák Ferenc tér* - ☎ *(20) 213 5999* - *www.kolevesvendeglo.hu* - *cerrado do.* - *platos 5350/9880 Ft.* Bajo las copas de vino colgadas del techo, el ambiente es relajado e internacional. La carta ofrece una pequeña selección de platos con una influencia *yiddish* (imprescindible en el barrio) puesta al día. Los niños hambrientos y los vegetarianos apreciarán las sopas, ensaladas y platos sin carne bellamente presentados.

Cerca del Cementerio Kerepesi

Hasta 10 € (3980 Ft)

33 **Café Csiga** - **F6** - *Vásár utca 2* - Ⓜ *4 Rákóczi tér* - ☎ *(1) 790 5946* - *platos 2090/4950 Ft.* Bajo el signo del caracol (*csiga*), este pequeño café ha encontrado su clientela fiel, atraída por el ambiente acogedor y bohemio, la música suave y los menús a bajo precio, una rareza en este barrio en pleno renacimiento

De 10 a 25 € (3980/9935 Ft)

34 **Rosenstein** - **G5** - *Mosonyi utca 3* - Ⓜ *2, 4 Keleti pályaudvar*, 🚋 *24, 6 Keleti pályaudvar* - ☎ *(1) 333 3492* - *www. rosenstein.hu* - *cerrado do.* - *platos 4000/11 500 Ft.* En una pequeña calle, cocina húngara y judía moderna (sopas, *foie gras* asado, pescado del lago Balaton, venado, ganso). Muy buena bodega, incluida una buena selección de *villanyi* (tintos). Menú de 28 páginas en cinco idiomas.

Ferencváros

Hasta 10 € (3980 Ft)

35 **Paris-Texas Kávéház** - **E7** - *Ráday utca 22* - Ⓜ *3, 4 Kálvin tér* - ☎ *(1) 218 0570* - *cerrado de do. a mi. y almuerzo* - *platos 2250/3890 Ft.* Un lugar agradable para almorzar a precios bajos. Se sirven platos vegetarianos e italianos en un ambiente de bistró retro de 1900. En verano, siéntate en la terraza con vistas a la calle, una de las más animadas de la ciudad.

Dónde beber

El arte de vivir en Budapest también significa disfrutar de una taza de té o café, acompañada de suculentos pasteles. No hay mejor manera de hacerlo que entrar en un *cukrászda* (pastelería salón de té).

¿Una cerveza o un cóctel? Tendrás muchos sitios entre los que elegir en Belváros o en los alrededores de la Basílica de San Esteban.

Plaza Liszt Ferenc (Ⓜ *1 Oktogon)*kiraly y Dob (Ⓜ *1, 2 o 3 Deák Ferenc tér)* y la calle Ráday (Ⓜ *3, 4 Kálvin tér, 3 Corvin-negyed)* están muy animadas tanto de día como de noche.

☞ **Localiza en el mapa las sugerencias marcadas con círculos numerados (ej. ❶). Las coordenadas en rojo (ej. C2) se refieren al mapa extraíble (en el interior de la cubierta).**

Várnegyed

Plano pág. 21

Tetería

❶ **Ruszwurm Cukrászda** - **B4** - *Szentháromság utca 7 - ☏ (1) 375 5284 - www.ruszwurm.hu.* Con su decoración Biedermeier y sus especialidades de *krémes* esta es uno de las teterías más antiguas de Hungría (se dice que Sissi lo frecuentaba). También es una de las más populares: tanto los habitantes de Budapest como los turistas esperan a que haya una mesa libre en el encantador saloncito, cuya decoración (¡que no ha cambiado desde 1827!) recuerda a un tocador. Entre nostalgia y delicias *gourmet.*

Colina Gellért

Bar de vinos

⑱ **Palack Wine Bar** - **D8** - *Szent Gellért tér 3 -* Ⓜ *4 Szent Gellért tér - ☏ (30) 997 1902 - www.palackborbar. hu.* Un lugar excelente para descubrir los vinos húngaros mientras se degustan embutidos o tapas de queso, en un ambiente moderno en el que predomina la madera y reina una atmósfera ligeramente chic pero relajada. También se organizan veladas de degustación y conciertos.

Víziváros

Café

❸ **Franziska** - **C3** - *Iskola utca 29 -* Ⓜ *2 Batthyány tér,* 🚋 *19, 41 Batthyány tér - ☏ (70) 332 3745 - www.franziska. hu.* Batidos, cuencos de fruta y muesli, tostadas de aguacate, pasteles... El lugar perfecto para una pausa rápida, para el café o *chai latte* o incluso para un auténtico *brunch* lleno de color y sabor. Muchas opciones vegetarianas y veganas.

Lipótváros

Tetería

❹ **Szamos Cafe** - **D3** - *Kossuth Lajos tér 10 -* Ⓜ *2 Kossuth Lajos tér - ☏ (30) 290 6655 - www.szamos.hu.*

Aquí puedes aprovisionarte de dulces (🕐 *pág. 94*) o hacer una pausa gastronómica. En la primera planta, un museo del chocolate y una gran estatua de mazapán dan la bienvenida a los visitantes que, con el tentador aroma, se acercan a conocer los dulces secretos de la casa.

5 **My Green Cup** - **D2** - *Pozsonyi ùt 15 - 2, 2B, 2M Jászai Mari tér - 📞 (1) 791 0301 - Facebook.* Al norte del Lipótváros, una calle llena de *boutiques*, restaurantes y cafeterías con encanto como esta Green Cup, donde se puede disfrutar de zumos frescos (fresa, manzana, semillas de chía), limonadas artesanales, capuchinos y galletas caseras.

Avenida Andrássy

Tetería

7 **Művész Kávéház** - **E4** - *Andrássy út 29 - Ⓜ 1 Opera - 📞 (70) 333 2116 - www.muveszkavehaz.com.* Este café es sin duda uno de los más caros de la ciudad, pero hay que reconocer que su ubicación ideal (en los « Campos Elíseos de Budapest»), su decoración deliciosamente retro (paneles de madera, mármol y lámparas de araña) y su carta de pasteles especialmente sabrosa, son buenas razones para hacer un alto en el camino y dejar que el tiempo vuele.

Café

10 **Mai Manó Kávézó** - **E4** - *Nagymező utca 20 - Ⓜ 1 Oktogon - 📞 (1) 604 4623 - Facebook.* Un café de estilo morisco a los pies de la casa del famoso fotógrafo Mai Manó. Paredes pintadas de verde «té a la menta», bancos de terciopelo carmesí, alfombras y

montones de cojines componen un ambiente orientalista e íntimo donde disfrutar de una copa.

Belváros

Tetería

2 **Centrál Kávéház** (Café Central) - **E6** - *Károlyi utca 9 - Ⓜ 3 Ferenciek tere - 📞 (30) 945 8058 - www. centralgrandcafe.hu.* Fundada en 1887, esta otra dirección histórica de Belváros ha recuperado su antiguo esplendor con banquetas de cuero rojo, paneles de madera y techos altos. Puedes venir aquí a desayunar (hasta las 11:30 h), y probar sus tartas y pasteles o tomar el menú.

12 **Gerbeaud** - **D5** - *Vörösmarty tér 7-8 - Ⓜ 1 Vörösmarty tér - 📞 (1) 429 9000 - www.gerbeaud.hu.* La tetería más famosa, comprada en 1884 por Émile Gerbeaud, un célebre *confiseur* suizo. Muy popular entre los turistas de todo el mundo, este lugar es toda una institución, aunque la repostería sea desigual. Elige lo que quieres tomar en el mostrador y una camarera te lo llevará a la mesa.

Café

13 **Napfényes** - **D6** - *Ferenciek tere 2 (en la esquina de Veres Pálné y Curia utca) - Ⓜ 3 Ferenciek tere - 📞 (1) 311 0313 - www.napfenyesetterem.hu.* Este bonito café-restaurante, con una pequeña terraza bajo los árboles, ofrece delicias para vegetarianos y veganos. En la entrada, las vitrinas muestran una amplia selección de bollería sin gluten, sin lácteos y sin huevo, para degustar con una limonada, un cóctel de frutas casero o un té ecológico. También se sirven almuerzos (sopas, ensaladas, pizzas).

Centrál Kávéház (Café Central), en Belváros.

Erzsébetváros

Tetería

15 **Café New York** - **F5** - *Erzsébet krt 9-11 -* Ⓜ *2 Blaha Lujza tér,* 🚋 *4, 6 Wesselényi utca -* ☎ *(1) 886 6167 - www.newyorkcafe.hu.* Se acude más por el placer de entrar en este mítico palacio que por la comida bastante cara que ofrece. Té de la tarde para dos *(26 825 Ft/72,50 €).*

Cafés

6 **My little Melbourne** - **E5** - *Madách Imre utca 3 -* Ⓜ *1 y 2 Deák Ferenc tér -* ☎ *(70) 394 7002 - Facebook.* Sin la cultura del surf y con el encanto europeo, este café de inspiración australiana es el lugar ideal para tomar un mocaccino, un *cappuccino* o un *matcha latte.* Colado, fuerte y largo el café viene en todas las formas y tamaños. Tómalo caliente, en el interior o en la agradable terraza en verano.

19 **Massolit** - **E5** - *Nagy Diófa utca 30 -* Ⓜ *2 Astoria o Blaha Lujza tér -* ☎ *(1) 788 5292 - www.massolitbudapest. com.* Cafetería y librería donde puedes hacer una pausa. Gran selección de libros en inglés y un pequeño jardín encantador.

De compras

Moda, diseño y decoración... En los últimos años han surgido en Budapest muchas de *boutiques* y grandes centros comerciales como Mammut (◔ *pág. 29*) y Bálna (◔ *pág. 69*). La calle **Falk Miksa** en Lipótváros es la calle de los anticuarios. En Belváros, los grandes nombres del lujo se codean con las tiendas «turísticas», sobre todo en la famosa **Váci út** y calles adyacentes. Busca verdaderas joyas entre la multitud de tiendas. El turístico distrito del Castillo (Várnegyed) es otra zona donde tendrás que hacer una selección, pero algunas de las tiendas merecen mucho una visita. Por último, en los centros comerciales encontrarás exquisiteces, como el famoso *túró rudi* (◔ *pág. 136*).

◔ *Horarios de apertura de las tiendas, pág. 115.*

◔ **Localiza en el mapa las sugerencias marcadas con círculos numerados (ej. ❶). Las coordenadas en rojo (ej. C2) se refieren al mapa extraíble (en el interior de la cubierta).**

Castillo de Buda

94

Vinos

26 Bortásaság - **C5** - *Lánchíd utca 5 - Tram 19, 41 - ☎ (1) 225 1702 - www.bortarsasag.hu - cerrado do.* Situada a los pies del Castillo de Buda, esta tienda ofrece una amplia selección de vinos húngaros para todos los bolsillos. No dudes en pedir consejo a los dependientes. La cadena también cuenta con una veintena de tiendas en la capital.

Víziváros

Libros

12 Prélude - **C4** - *Fő utca 17 - Ⓜ 2 Batthyány tér - ☎ (1) 308 5285 - www.lalibrairiefrancaise.hu - cerrado do.* La librería del Instituto Francés sufrió una remodelación en 2023, pero sigue ofreciendo una buena selección de literatura húngara y libros sobre Budapest. Un agradable café en el Instituto.

Lipótváros

Gastronomía

28 Szamos - **D3** - *Kossuth Lajos tér 10 - Ⓜ 2 Kossuth Lajos tér - ☎ (30) 290 6655 - www.szamos.hu* Este excelente chocolatero es conocido sobre todo por sus creaciones a base de mazapán. Para los golosos, es un lugar ideal para llevar a casa como regalo, o para disfrutar en el propio local, en la zona de cafetería donde también se sirven desayunos y meriendas (◔ *pág. 90*). Hay más tiendas por Budapest.

Antigüedades

4 Pintér - **D3** - *Falk Miksa utca 10 - Ⓜ 2 Kossuth Lajos tér,*

🚊 *2 Országház* - ✆ *(1) 311 3030* - *www. pinteraukcioshaz.hu* - *cerrado do.* La inmensa galería (1800 m²) alberga una gran cantidad de muebles y objetos, algunos de los cuales datan del Renacimiento. Se hace hincapié en las piezas húngaras, incluidos los muebles de Secesión. Una zona está dedicada al arte contemporáneo (dos o tres exposiciones al año). Si necesitas un descanso, hay una pequeña cafetería dentro de la galería.

⑤ Anna Antikvitás - **D2** - *Falk Miksa utca 18-20* - Ⓜ *2 Kossuth Lajos tér,* 🚊 *2 Országház* - ✆ *(1) 302 5461* - *www.annaantikvitas.com* - *cerrado sá. tarde y do.* Piezas de bronce, manteles bordados a mano, cristalería y porcelana (1750-1940) se agolpan en esta encantadora tiendecita. Todas proceden de tierras húngaras, austriacas y transilvanas. Los precios son más asequibles que en otras tiendas de antigüedades de la misma calle.

⑥ Kieselbach - **D2** - *Szent István körút 5* - 🚊 *4, 6 M. Jászai Mari tér* - ✆ *(1) 269 3148* - *www.kieselbach.hu* - *cerrado sá. y do.* Esta galería, una de las más populares de Budapest, organiza subastas de cuadros y fotografías. Si te decides por una de ellas, probablemente tendrás que romper tu hucha.

Joyas

㉚ ÜVEG/HÁZ - **D3** - *Sas utca 5* - Ⓜ *1 Bajcsy-Zsilinszky út* - ✆ *(30) 609 6346* - *www.uveghaz.myshoprenter. hu.* Joyas de cristal y accesorios elegantes y de diseño. Creaciones artesanales a precios razonables.

Avenida Andrássy

Decoración para el hogar

㉛ Goahome - **E5** - *Király utca 19* - Ⓜ *1 Opera* - ✆ *(70) 953 5620* - *www. goamama.com* - *cerrado sá. tarde y do.* Jarrones, espejos, tazas de té de cerámica, cojines y candelabros abundan en esta contemporánea cueva de Alí Babá con acentos asiáticos.

Confitería

⑪ Sugar! - **E4** - *Paulay Ede utca 48* - Ⓜ *1 Opera* - ✆ *(1) 321 6672* - *www. sugarshop.hu.* Árbol gigante de piruletas, *candy bar* y coloridos expositores de tartas... Esta increíble confitería es un cuento de hadas modernista, como Alicia en Candyland: las inmaculadas paredes blancas estallan con los vivos colores de los dulces, que pueden comerse dentro o comprar para llevar. Hasta los aseos merecen una visita (ideja que te sorprenda!).

Belváros

Moda y accesorios

❤ **㉗ Paloma Artspace** - **E6** - *Kossuth Lajos utca 14* - Ⓜ *3 Ferenciek tere* - ✆ *(20) 961 9160* - *www.paloma artspace.hu* - *cerrado do.* Jóvenes diseñadores húngaros se reúnen para mostrar su trabajo: joyas, bolsos, ropa y sombreros... Una docena de tiendas se reparten en dos plantas de un patio muy bonito que también alberga una cafetería y, en ocasiones, sirve de telón de fondo para eventos.

① Wonderlab - **D6** - *Veres Pálné utca 3* - Ⓜ *3 Ferenciek tere* -

*www.wonderlabconcept.com - cerrado
por las mañanas y de do. a ma.* Jóvenes
diseñadores húngaros presentan
sus creaciones: bolsos, ropa y joyas
originales.

Zapatos

15 Vass Cipő - **D6** - *Haris köz 2 -*
Ⓜ *3 Ferenciek tere - ☏ (1) 780 7418 -
www.vass-shoes.com - cerrado do.*
Esta pequeña tienda vende geniales
zapatos de cuero para hombre hechos
a mano. Algunos clientes vienen
especialmente del extranjero para
hacerse un par a medida.

Decoración para el hogar

16 Herend Porcelain Manufactory -
D5 - *József Nádor tér 11 -* Ⓜ *1, 2 o 3
Deák Ferenc tér - ☏ (1) 317 2622 -
www.herend.com - cerrado sá. tarde
y do.* Esta tienda es el escaparate en
Budapest de la famosa fábrica de
porcelana Herend: las piezas que hay
aquí son todas ideas para regalar
con una calidad que hace honor a la
artesanía húngara.

❤ **17 Holló Műhely** - **E5** - *Vitkovics
Mihály utca 12 -* Ⓜ *3 Ferenciek tere -
☏ (70) 559 8147.* Fundado en 1926, el
taller Holló ofrece muebles y objetos
de madera decorados con motivos
tradicionales de la cuenca de los
Cárpatos. Aquí también encontrarás
los famosos huevos pintados.

Diseño

❤ **18 Magma** - **D6** - *Petőfi Sándor
utca 11 -* Ⓜ *3 Ferenciek tere - ☏ (1) 235
0277 - www.magma.hu - cerrado do.*
Esta *boutique*-galería expone las
creaciones de artistas y diseñadores
húngaros: muebles, vajillas (cerámica
y porcelana), joyas (bonitos anillos de

cristal de colores) y bolsos de líneas
puras o inspirados en el folclore húngaro.

Gastronomía

29 World of souvenirs - **D5** - *Deák
Ferenc utca 10 -* Ⓜ *1, 2 o 3 Deák
Ferenc tér - ☏ (30) 924 4917.* Bolsitas
de paprika (pimentón), bombones
rellenos de mazapán, vino de Tokaj,
joyas de porcelana, bordados... Este es
el templo de los *souvenirs* húngaros.

Discos

20 Rózsavölgyi és Társa - **D5** -
Szervita tér 5 - Ⓜ *3 Ferenciek tere,
1 Vörösmarty tér - ☏ (1) 318 3500 -
www.rozsavolgyi.hu - cerrado do.* Una
de las principales tiendas de discos de
Budapest. Amplia selección de música
clásica y folclórica húngara...

Erzsébetváros

Zapatos

22 Tisza Cipő - **E5** - *Károly körút 1 -*
Ⓜ *2 Astoria - ☏ (1) 266 3055 - www.
tiszacipo.hu - cerrado do.* Esta es tu
oportunidad de llevarte a casa un par
de zapatillas originales. En piel o lona,
de colores o sobrias, todos los modelos
llevan la emblemática T de la marca, un
producto puramente húngaro.

Moda

19 Ludovika - **E5** - *Rumbach
Sebestyén utca 15 -* Ⓜ *1, 2 o 3 Deák
Ferenc tér - ☏ (30) 678 8448 - cerrado
por la mañana.* Una bonita selección de
ropa y accesorios retro en esta tienda
de segunda mano femenia y moderna.

23 Retrock - **D5** - *Anker köz 2 -*
Ⓜ *1, 2 o 3 Deák Ferenc tér -
☏ (30) 472 3636 - www.retrock.com.*
Especializada en ropa y accesorios

98

La tienda Printa, en el barrio de Erzsébetváros.

retro la frecuentan los jóvenes *fashion* de Budapest, que también aprecian encontrar algunas colecciones de moda de diseñadores locales. Los precios son un poco más caros que en otras tiendas de segunda mano del barrio, por ser una selección más refinada.

32 **Szputnyik Shop D-20** - **E5** - *Dohány utca 20* - Ⓜ *2 Astoria* - ✆ *(1) 321 3730 - www.szputnyikshop. com.* Ofrece colecciones, tanto para hombre como para mujer, de grandes marcas internacionales y diseñadores húngaros. Ropa, zapatos, bolsos, accesorios y joyas, incluidos productos de comercio justo.

Diseño y accesorios

24 **Printa** - **E5** - *Rumbach Sebestyén utca 10* - Ⓜ *1, 2 o 3 Deák Ferenc tér* - ✆ *(30) 292 0329 - printa.hu.* Cerca de la sinagoga de Rumbach, esta tienda conceptual es en parte galería de arte, en parte cafetería y en parte *boutique* de diseño. Decorada en blanco y negro, ofrece una buena selección de serigrafías y carteles de artistas emergentes, así como ropa y accesorios ecológicos de edición limitada. Para apoyar la joven creación local y, al mismo tiempo, llevarse recuerdos de moda.

Ferencváros

Gastronomía

25 **Vásárcsarnok (Mercado Central)** -
E7 - *Vámház krt. 1-3* - Ⓜ *4,*
Ⓣ *2 Fővám tér* - ✆ *(1) 366 3300* -
www.piaconline.hu - cerrado do. Famoso
mercado cubierto en estos pabellones,
inaugurados en 1897 y magníficamente
renovados. La planta baja está repleta
de puestos de objetos populares y
comida, donde tendrás que elegir
entre: guirnaldas de pimentón, ajos y
cebollas, vino y alcohol, sin olvidar el
famoso salami. Aquí encontrarás salami
Pick. Arriba, la galería reúne puestos
de comida rápida y de artesanía local.
Pero cuidado, algunos puestos son una
auténtica trampa para turistas.

Alcohol

Zwack Unicum - **Fuera del mapa** -
Dandár utca 1 - Ⓣ *2 Haller utca* -
✆ *(1) 456 5247 - www.unicum.hu -
cerrado sá. y do.* Aunque el famoso
licor Unicum con 40 hierbas se vende
en todas partes, lo mejor es comprarlo
directamente en la tienda de la
destilería... Aprovecha para visitar el
pequeño museo *(de lu. a sá., de 10:00
a 17:00 h - 2750 Ft, con audioguía y
degustación).*

Cerca del cementerio Kerepesi

Moda, accesorios

2 **Hullám** - **F6** - *Vásár utca 4* -
Ⓜ *4 Rákóczi tér - Facebook - cerrado
ju. y vi.de 14:00 a 19:00 h.* Jóvenes

diseñadores húngaros crean
coloridas camisetas y sudaderas,
joyas, y llamativas riñoneras
y gorras.

Fuera del centro de la ciudad

Música

Ethno Sound - **Fuera del mapa** -
*Komor Marcell utca 1 - HÉV 7
Közvágóhíd* - Ⓣ *2 Millenniumi
Kulturális Központ* - ✆ *(20) 492
7789 - www.ethnosound.hu - cerrado
mañanas, excepto sá. y do. días sin
espectáculos, cierra a las 18:00 h.*
Instrumentos musicales de todo el
mundo, una cueva de Alí Babá para
los aficionados, sobre todo a los
instrumentos de percusión.

Rastro

Ecseri piac (mercadillo) - **Fuera
del mapa** - *Nagykőrösi út 156 -
desde Boráros tér, autobuses 54, 55
Használtcikk piac; desde la estación
de metro 3 Határ út, autobús 199
Hofherr Albert utca* - ✆ *(1) 348 3200
-de 08:00 a 16:00 h, sá. de 08:00 a
15:00 h, do. de 08:00 a 13:00 h.*
Un mercadillo donde se puede
encontrar de todo. Si buscas
una pieza de recambio, quizá tengas
una oportunidad, a menos que le
atraiga un viejo fonógrafo, un icono,
una medalla de la Orden de Lenin,
una chapa o una gorra del Ejército
Rojo. Lo mejor es ir los sábados,
cuando viene gente de todas
partes.

Salir por la noche

De la ópera a la música electro y folk, Budapest ofrece una amplia oferta de espectáculos y conciertos, y lugares originales donde pasar una velada agradable. En la zona de Avenida Andrássy hay dos lugares imprescindibles: la **Ópera Nacional** y la **Academia de Música** (☞ *pág. 102*). En el sur de Budapest, el **Palacio de las Artes (Müpa)** ofrece un programa digno de los mayores teatros (☞ *pág. 104*). Para una velada menos «clásica», puedes ir al Puente Petőfi, en el lado de Buda, donde la **A38** (☞ *pág. 101*). No te pierdas la visita a un *romkocsma* «bar en ruinas», cafés alternativos instalados en edificios abandonados del barrio judío, como el **Szimpla Kert** (☞ *pág. 102*) o en antiguas fábricas y almacenes en las afueras. ¿Otra idea para una velada fuera de lo común? Sumérgete en el ambiente de una i**sparty**! Los últimos éxitos, los DJ incansables, luces en el agua, pantallas gigantes: solo por una noche, el Balneario Széchenyi (☞ *pág. 106*) se transforma en una discoteca donde podrás bailar en bañador. Reserva tu entrada (*spartybooking.com - de febrero a diciembre sá. 22:30-03:00 h*).

☞ **Localiza en el mapa las sugerencias marcadas con círculos numerados (ej. ❶). Las coordenadas en rojo (ej. C2) se refieren al mapa extraíble (en el interior de cubierta).**

Para obtener información sobre el programa, consulta la prensa (☞ *pág. 115) in situ* y visita los sitios web de los distintos lugares (puedes reservar *online*). También puedes dirigirte directamente a la taquilla o comprar en uno de los quioscos de la capital:

Ticket Express Hungary (TEX) - **E7** - *en Bálna (pág. 69)* - Ⓜ *4 Fővám tér*, 🚋 *2 Zsil utca* - ☎ *(30) 505 0666 - www.eventim.hu - de lu. a vi. de 10:00 a 18:00 h.*

Funcode - **D5** - *Károly krt. 21* - Ⓜ *1, 2 o 3 Deák Ferenc tér* - ☎ *(1) 555 5515 - www.funcode.hu - de ma. a vi. de 09:00 a 17:00 h.* Entradas también disponibles *online*.

Castillo de Buda

Aperitivo panorámico

❻ **Leo Rooftop Budapest** - **C5** - *Clark Adam tér 1* - 🚋 *19, 41 - www.leobudapest. hu.* Desde la octava planta del Hotel Clark Budapest, Leo ofrece una espléndida vista del Danubio y el Puente de las Cadenas. Este lugar chic es muy popular a la hora del aperitivo (imprescindible reservar, para un tiempo de 2 h).

Várnegyed

Baile

❶ **Nemzeti Táncszínház (Teatro Nacional de Danza)** - **A2** - *Kis Rókus utca 16-20* - ☎ *(1) 201 4407/(1) 434 5900 - www.tancszinhaz.hu - taquilla: de 13:00 a 18:00 h.*

Este nuevo local incluye dos teatros (368 y 120 localidades) y estudios, en el corazón del Parque Millenáris (☞ *pág. 29*), donde ahora actúan compañías nacionales e internacionales.

Colina Gellért

Velada musical

2 Szatyor Bar - **D8** - *Bartók B. út 36* - 🚋 *6 Móricz Zsigmond körtér* - ✆ *(1) 279 0291* - *www.szatyorbar.hu*. Esta galería, con un ambiente ligeramente desenfadado, se presta a largas conversaciones al final de la velada. Un buen lugar para escuchar a los grupos de Budapest.

Conciertos

A38 - **Fuera del mapa** - *Puente Petőfi - carguero atracado, lado Buda* - 🚋 *4, 6 Petőfi híd* - ✆ *(1) 464 3940* - *www.a38.hu*. Parte discoteca, parte restaurante *(de lu. a sá. de 10:00 a 21:00 h)* este antiguo carguero ucraniano es uno de los principales locales nocturnos de Budapest, con una programación ecléctica de pop, *rock*, *jazz* y electro. Anclado en el lado de Buda, río abajo del puente Petőfi, ofrece una hermosa vista de la orilla sur de Pest.

Víziváros

Folclore

3 Hagyományok háza (Casa de las Tradiciones Húngaras) - **C4** - *Corvin tér 8* - Ⓜ *2 Batthyány tér* - ✆ *(1) 225 6049* - *www.hagyomanyokhaza.hu - reservado* ✆ *225 6056 - cerrado do*. Actuaciones del Conjunto Folclórico Nacional Húngaro, fundado en 1951.

Lipótváros

Clubbing

4 Morrison's 2 - **D2** - *Szent István krt 11* - 🚋 *4, 6 Jászai Mari tér* - ✆ *(1) 374 3329* - *www.morrisons2.hu*. Bar musical muy festivo. Cinco pistas de baile, mesas de billar, karaoke. Conciertos todos los días.

Folclore

5 Duna Palota - **D4** - *Zrínyi utca 5* - Ⓜ *1, 2 o 3 Deák Ferenc tér* - ✆ *(1) 235 5500 - www.dunapalota. hu*. Espectáculo a las 20:00 h en el que se alternan tres grupos folclóricos de renombre internacional. Posibilidad de cena-crucero por el Danubio después del espectáculo.

Degustación

16 DIVIno Borbár - **D4** - *Szent István tér 3* - Ⓜ *1 Bajcsy-Zsilinszky út* - ✆ *(70) 935 3980 - www.divinoborbar. hu*. Esta conocida marca húngara ofrece una selección de 120 vinos húngaros. La empresa también invita a los viticultores a catas, una forma estupenda de descubrir el rico patrimonio vinícola del país. Y para acompañar el vino, hay un menú limitado que ofrece tablas de embutidos y quesos y pequeñas ensaladas, etc.

Jazz

7 Budapest Jazz Club - **D2** - *Hollán Ernő utca 7* - Ⓜ *3 Nyugati pályaudvar,* 🚋 *4, 6 Jászai Mari tér* - ✆ *(1) 413 9837 - ✆ (1) 798 7289 - www.bjc.hu*. El club de *jazz* más famoso de Budapest ofrece conciertos en directo todas las noches, con músicos famosos o grupos de estudiantes, según el día. Excelente selección de vinos.

Avenida Andrássy

Música clásica

8 **Magyar Állami Operaház** - **E4** - *Andrássy út 22* - M *1 Opera* - ☎ *(1) 332 6150 - www.opera.hu.* Este palacio neorrenacentista (1884), cuyos frescos fueron creados por los más grandes pintores húngaros de la época, es uno de los teatros de ópera más prestigiosos de Europa. Los grandes nombres de la música siguen actuando aquí. Las representaciones tienen lugar en el Teatro Erkel y en otros lugares.

❤️ **10** **Liszt Ferenc Zeneművészeti Egyetem (Academia de Música Franz Liszt)** - **E4** - *Liszt Ferenc tér 8* - M *1 Oktogon* - ☎ *(1) 321 0690 - www. zeneakademia.hu.* Fundada por el compositor húngaro en 1907, la Academia sigue siendo la principal sala de conciertos de la capital y un hermoso edificio modernista donde brillan los frescos, las vidrieras, los mosaicos y las arañas de cristal. En temporada, los melómanos pueden aplaudir a las mejores orquestas sinfónicas del país a precios muy asequibles. Las melodías de los ensayos resuenan por todo el barrio.

Títeres

9 **Bábszínház** - **F3** - *Andrássy út 69* - M *1 Oktogon* - ☎ *(1) 321 5200 - www. budapestbabszinhaz.hu - reservas de 09:00 a 18:00 h.* Para espectáculos de marionetas, muy famoso.

Aperitivo panorámico

11 **360 Bar** - **E4** - *Andrássy út 39* - M *1 Opera - 360bar.hu - de ju. a do. entrada 2000 Ft.* Se trata de la terraza panorámica más bonita de Budapest, en la azotea del Grand Magasin Paris.

Un lugar ideal para tomar un aperitivo, admirar la puesta de sol mientras se saborea una copa de vino. En invierno, unos iglús transparentes con calefacción le permitirán seguir disfrutando de las vistas.

Cócteles

12 **Boutiq'Bar** - **D5** - *Paulay Ede utca 5* - M *1 Bajcsy-Zsilinszky út* - ☎ *(30) 554 2323 - www.boutiqbar.hu - cerrado de do. a ma.* Algunos juran que aquí encontrarás los mejores cócteles de Budapest. La mayoría son creaciones propias, pero los camareros estarán encantados de prepararte los grandes clásicos, daiquiris y cosmopolitans, según las reglas del arte.

Erzsébetváros

Bares en ruinas

14 **Szimpla Kert** - **E5** - *Kazinczy utca 14* - M *2 Astoria - www. szimpla. hu.* Muebles reciclados, tuberías vistas, pequeñas lámparas de colores, bonito patio... ¡Un verdadero *romkocsma*! Szimpla Kert es toda una institución. Es mejor ir a tomar algo que a comer. Por la noche, DJ y pequeños conciertos (a partir de las 20:00 h).

17 **Mika Tivadar Kert** - **E5** - *Kazinczy utca 47* - M *1, 2 ou 3 Deák Ferenc tér* - ☎ *(20) 965 3007 - www. mikativadarmulato.hu - cerrado do.* Otro emblemático *romkocsma* de Budapest con bar y sala de conciertos en un antiguo edificio de principios del siglo XX. En verano, es estupendo tomar algo en el jardín bajo los árboles.

Degustación

15 **Doblo Wine & Bar** - **E5** - *Dob utca 20* - M *2 Astoria* - ☎ *(20) 398 8863* -

El Palacio de las Artes por Zoboki, Demeter & Associates.

Facebook. Si no sabías que Hungría era un país vinícola, este dinámico bar de vinos es una excelente oportunidad para descubrir los encantos del dulce *tokaji* o los afrutados tintos de Szekszárd. Si eres un entendido, te encantará la amplia gama de néctares que se ofrecen. En cualquier caso, el ambiente bohemio y elegante del bar, decorado con ladrillos, botellas y lámparas ingeniosamente ensambladas es ideal.

Margitsziget

Espectáculos

Teatro al aire libre de Isla Margarita - **Fuera del mapa** - *Autobús 26: Szabadtéri színpad - ✆ (1) 444 9004 - www.margitszigetiszinhaz.hu.* Representaciones de teatro, danza y ópera en verano.

Fuera del centro de la ciudad

Espectáculos

Müpa Budapest (Palacio de las Artes) - **Fuera del mapa** - *Komor Marcell utca 1 - HÉV 7 - 1 Közvágóhíd - ✆ (1) 555 3000 - www.mupa.hu.* Desde 2005, el Palacio de las Artes ofrece una programación musical variada y de calidad (ópera, danza contemporánea, *jazz*, músicas del mundo...). Cuenta con artistas de renombre internacional y, por supuesto, con la Orquesta Filarmónica Nacional de Hungría. Varias veces por semana se ofrecen conciertos gratuitos a cargo de estudiantes del conservatorio de música.

Ir a los balnearios

Ir a los balnearios es toda una experiencia que no debes perderte. Los fines de semana, las termas son un popular punto de encuentro para familias y están muy concurridos. Todos los que hay en Budapest (10 balnearios y 7 *spas*) están gestionados por una única organización. Visita **www.spasbudapest.com** para conocer, su ubicación y los detalles de los servicios que ofrecen. El sitio web **www. bathsbudapest.com** anuncia eventos de *sparty* (**☞** *pág. 100*), que se organizan los fines de semana, es decir, ¡noches de discoteca en bañador!

☞ Localiza en el mapa las sugerencias marcadas con círculos numerados (ej. ❶ **). Las coordenadas en rojo (ej. C2) se refieren al mapa extraíble (en el interior de la cubierta).**

Tarifas

La entrada a los balnearios es más barata **entre semana** (y en algunos al final del día) que el fin de semana. Aquí se indica la tarifa mínima diaria, pero hay algunos establecimientos que ofrecen también tarifas de media jornada.

☺ 20 % de descuento en la entrada a determinados balnearios con la **Budapest Card** (**☞** *pág. 114*).

☹ Algunos balnearios no aceptan tarjetas de crédito. Asegúrate de llevar algo de dinero en efectivo, sobre todo si piensas someterte a un tratamiento (a partir de 9000 Ft por un masaje de 20 min).

Puedes elegir entre una tarifa con cabina o con taquilla. Con una pulsera o una tarjeta electrónica que te entregarán en la caja puedes desbloquear la cerradura y luego bloquear la puerta. Para los lugares que figuran a continuación, te indicamos la gama de precios para adultos. Si vais en familia, infórmate, ya que algunos balnearios niegan la entrada a menores de 14 años.

Selección de balnearios

❤ ❶ **Balneario Gellért** - **D8** - *Kelenhegyi út 4 - entrada en la calle a la derecha del hotel* - Ⓜ *4,* Ⓣ *19, 41, 47, 48, 49, 56, 56A Szent Gellért tér* - ✆ *(1) 466 6166 - www.gellertfurdo. hu - de 09:00 a 19:00 h - baño mixto - desde 10 500 Ft -* Es uno de los lugares más espectaculares. Tiene una sección «balnearia» (piscina de olas, solárium, sauna, bar, restaurante, piscina cubierta) y una sección termal, la más interesante arquitectónicamente (dos piscinas a 36 y 38° C, piscina fría, saunas, hammam). Masajistas disponibles y zona de *spa* vip. Las aguas termales, ligeramente ácidas y radiactivas, están especialmente indicadas para el reumatismo y la artrosis. **☞** *pág. 32.*

❷ **Balneario Rudas** - **D6-7** - *Döbrentei tér 9 -* Ⓣ *19, 41, 56, 56A Rudas Gyógyfürdő - ✆ (20) 321 4568 - www.rudasfurdo.hu - de 06:00 a 20:00 h - mujeres: ma.; hombres: lu. y de mi. a vi. hasta las 12:45 h; mixto: sá. y do. - desde 9300 Ft.*

Este auténtico baño turco cuenta con piscinas termales (16-42 °C),, una de ellas panorámica, y otra piscina cubierta (29 °C). Amplia gama de masajes (reafirmante, nutritivo, exfoliante, relajante...). ☞ *pág. 33.*

③ Balneario Király - **C3** - *Fő utca 84 -* Ⓜ *2 Batthyány tér,* 🚊 *19, 41 Bem József tér -* ☎ *(1) 202 3688 - www.kiralyfurdo.hu - baño mixto: cerrado hasta nuevo aviso.* Este baño turco es exclusivamente termal y cubierto: piscina redonda (36 °C) bajo la cúpula, hammam, sauna, masajes, pedicura. ☞ *pág. 37.*

④ Balneario Lukács - **C1** - *Frankel Leó út 25-29 -* 🚊 *17, 19, 41 Szent Lukács Gyógyfürdő -* ☎ *(1) 326 1695 - www.lukacsfurdo.hu - baño mixto: de 07:00 a 19:00 h - desde 4800 Ft - incluido en la Budapest Card.* Menos turístico que otros balnearios, con su clientela de termalistas y asiduos locales, este sitio cuenta con dos piscinas al aire libre y un parque sombreado. En el interior, hay cinco piscinas termales. Aguas entre 22 y 40 °C. También hay una «sauna universal» (supl. 500 Ft), con sauna de infrarrojos, pared de sal del Himalaya y máquinas de hielo. Los curiosos también pueden probar el baño de cerveza (19 500 Ft durante 45 min con cerveza ilimitada). O cómo chapotear en agua a 36 °C mezclada con lúpulo, malta y levadura de cerveza ☞ *pág. 72.*

❤ **⑤ Balneario Széchenyi** - **G1** - *Állatkerti körút 11 -* Ⓜ *1 Széchenyi fürdő -* ☎ *(1) 363 3210 - www.szechenyifurdo.hu - baño mixto: de 07:00 a 20:00 h, do. 09:00 a 21:00 h - a partir de 8400 Ft.* En el corazón de Városliget: en el exterior, bañera de hidromasaje, piscina olímpica, *jacuzzi* (38 °C), solárium y restaurante. En el interior, hay varios baños, de fríos a muy calientes. En las cabinas se dan tratamientos y masajes. También puedes disfrutar de un baño de cerveza, como en Lukács *(*32 500 Ft durante 45 min con cerveza ilimitada). ☞ *pág. 54.*

⑥ Balneario Veli bej - **C1** - *Árpád Fejedelem útja 7 -* 🚊 *17, 19, 41 Komjádi Béla utca -* ☎ *(1) 438 8587 - www.irgalmasrend.hu - baño mixto: de 15:00 a 21:00 h, sá. y do. de 06:00 a 12:00 h y de 15:00 a 21:00 h - a partir de 5000 Ft.* Es el baño turco más grande de Budapest, con cinco piscinas (la central tiene una temperatura de 36-38 °C). Baños de vapor con aceites esenciales, sauna, *jacuzzi*, piscina, chorro de masaje. Se pueden reservar masajes en la entrada. Cafetería accesible desde los baños.

Balenario de Dandár - **Fuera del mapa** - *Dandár utca 5-7 -* 🚊 *2, 24 Haller utca/ Soroksári út -* ☎ *(1) 215 7084 - www.en.dandarfurdo.hu - baño mixto - de 09:00 a 19:00 h - desde 3600 Ft -.* Baños termales interiores entre 20 y 38 °C. Masajes disponibles.

Palatinus - **Fuera del mapa** - *Margitsziget -* 🚌 *26 -* ☎ *(1) 340 4500 - www.es.palatinusstrand.hu - de mayo a agosto de 09:00 a 19:00 h - a partir de 5000 Ft.* No es un balneario termal, sino el lugar más grande de baños al aire libre de Budapest, con once piscinas (incluida una con olas), un parque de toboganes para surfistas y una playa. Aguas entre 22 y 36 °C. Campos de fútbol, voley playa y pistas de tenis para realizar diversas actividades. Desde 2017, hay cuatro

Ajedrecistas en el Balneario Széchenyi.

nuevas piscinas cubiertas abiertas todo el año. ☞ *pág. 71.*

¿Qué hacer?

Empieza por elegir las fechas: aunque muchos balnearios son mixtos, algunos siguen funcionando en franjas horarias solo para hombres o solo para mujeres. Cuando la franja no es mixta, mucha gente no lleva bañador. ¡Tú decides! No olvides traer el bañador, la toalla y las chanclas; si lo necesitas, puedes alquilarlos allí mismo. Normalmente necesitarás un gorro de baño para la piscina (que lo puedes comprar allí mismo). Es útil llevar una bolsa de plástico para llevar los artículos de aseo (champú, jabón, cepillo) de una piscina a otra. Hay secadores de pelo.

Dentro de los baños, se puede elegir entre varias piscinas: la sección termal propiamente dicha y una sección más deportiva, con piscinas. Los hammam, y a veces las saunas, completan la oferta.

Si tienes hambre, la mayoría de los balnearios ofrecen también comidas ligeras y bebidas.

Para disfrutar de una experiencia completa, reserva un masaje (si es posible, pide cita previa nada más llegar o en la web). No te vayas sin visitar las salas de descanso, donde tu cuerpo recuperará gradualmente la temperatura ambiente. Esto es importante en invierno, cuando pueden soplar vientos del norte.

Dónde dormir

La mayoría de los hoteles de Budapest son de alto nivel, y no siempre es fácil encontrar habitaciones baratas en el centro de la ciudad, aunque la situación está mejorando. Una alternativa interesante es alquilar un piso, algo muy común, incluso para una noche *(www.7seasonsapartments.com)*. Para una experiencia más inusual, considera la posibilidad de alojarte con un lugareño *(www.wimdu.fr/budapest)*.

¿Qué orilla elegir? En el lado de Buda, podrás disfrutar de la tranquilidad y de unas vistas inmejorables sobre el Danubio. En el lado de Pest, el centro de la ciudad es más animado.

Precios - Indicamos aquí la tarifa mínima para una habitación doble en temporada alta, aunque los precios pueden ser más altos durante las fiestas y el Gran Premio de Fórmula 1 (de finales de julio a principios de agosto).

☞ **Localiza en el mapa las sugerencias marcadas con círculos numerados (ej. ❶). Las coordenadas en rojo (ej. C2) se refieren al mapa extraíble (en el interior de la cubierta).**

108

Várnegyed

Más de 140 € (55 600 Ft)

♥ ⑫ **Baltazár** - **B4** - *Országház utca 31* - 🚌 *16, 16A, 116 Bécsi kapu tér* - Ⓜ *2 Széll Kálmán tér* - ☎ *(1) 300 7051 - www. baltazarbudapest.com* - ✗ - *11 hab. 64 400/84 271 Ft* 🛏. Un encantador hotel *boutique* con habitaciones muy confortables, todas decoradas de forma diferente. También cuenta con un excelente restaurante con terraza y un agradable bar de vinos.

Víziváros

De 95 a 140 € (37 800-55 600 Ft)

② **Victoria** - **C4** - *Bem Rakpart 11* - Ⓜ *2 Batthyány tér*, 🚋 *19, 41 Halász utca* - ☎ *(1) 457 8080 - www.victoria.hu - 27 hab. 45 575/65 338 Ft* 🛏 - ✗. Tranquilo y encantador, con habitaciones totalmente equipadas

y decoradas con gusto, este hotel cerca del castillo ofrece una vista impresionante del Danubio.

Lipótváros

De 95 a 140 € (37 800-55 600 Ft)

④ **Central Basilica** - **D4** - *Hercegprímás utca 8* - Ⓜ *1 Bajcsy-Zsilinsky út* - ☎ *(1) 328 5010 - www. hotelcentral-basilica.hu - 37 hab. 35 943/56 137 Ft* - ✗. Situado en el centro histórico, cerca de la basílica, buena relación calidad-precio, en un entorno limpio y acogedor.

Más de 140 € (55 600 Ft)

③ **Verno House** - **D4** - *Október-6 utca 26* - Ⓜ *3 Arány János utca o* Ⓜ *2 Kossuth Lajos tér* - ☎ *(1) 886 1120 - www. vernohouse.com* - ✗ - *spa - 48 hab. desde 78 000 Ft* 🛏. Inaugurado en

2022, este lujoso establecimiento pretende ser un oasis en la jungla urbana, con sus plantas y paredes cubiertas de exuberantes instantáneas del célebre fotógrafo Zoltán Tombor. Sitio muy chic y contemporáneo, alberga habitaciones perfectamente equipadas y un excelente restaurante Flava.

Belváros

De 95 a 140 € (37 800-55 600 Ft)

🔟 **Leo Boutique Rooms** - **D6** - *Kossuth Lajos utca 2/a* - Ⓜ *3 Ferenciek tere* - ✆ *(1) 266 9041 www.leobouti querooms.com - 14 hab. 40 000 Ft* ☕. En un elegante pero algo ruinoso edificio de 1900, un hotel encantador y bien mantenido en pleno centro de la ciudad. Confort y buena relación calidad-precio, pero la calle está demasiado transitada para nuestro gusto.

🔟 **Gerlóczy Kávéház - Habitaciones de lujo** - **D5** - *V. Gerlóczy utca 1* - Ⓜ *3 Ferenciek tere,* Ⓜ *2 Astoria* - ✆ *(1) 501 4000 - www.gerloczy.hu* - ✕ - ♿ *- 19 hab. 48 868/69 060 Ft* ☕. A dos pasos del Paseo marítimo del Danubio, este minúsculo hotel, anexo de un café con ambiente de 1900, combina el encanto retro con el gusto por el detalle y el confort contemporáneo.

Erzsébetváros

Hasta 55 € (21 850 Ft)

🔟 **Albergue Wombat** - **E5** - *Király utca 20* - Ⓜ *1 Bajcsy-Zsilinsky út* - ✆ *(1) 883 5005 - www.wombats-hostels.com* - ♿ *- 112 hab. y dormitorios 26 654/42 001 Ft* ☕ *- 2382 Ft.* Un buen ejemplo de albergue neojuvenil, más elegante y acogedor que antes,

este establecimiento se ha instalado entre los muros de un antiguo hotel de cuatro estrellas. Las habitaciones y los dormitorios están impecables. Un buen lugar para alojarse con poco presupuesto, a pesar del ambiente a veces ruidoso.

De 55 a 95 € (21 850-37 800 Ft)

🔟 **Roombach** - **E5** - *Rumbach Sebestyén utca 14* - Ⓜ *1, 2 ou 3 Deák Ferenc tér* - ✆ *(1) 413 0253* - *www.roombach.com* - ♿ *- 98 hab. 40 000/55 647 Ft* ☕. Idealmente situado en el corazón del barrio más de moda de la capital, está a poca distancia de todas las atracciones principales de la ciudad. Las habitaciones son pequeñas pero cómodas y están impecablemente limpias. Acogida amable y desayuno con bufé variado.

🔟 **7Seasons Apartments** - **D5** - *Kiraly utca 8* - Ⓜ *1, 2 o 3 Deák Ferenc tér* - ✆ *(20) 274 7777* - *www.7seasonsapartments.com* - *40 apartamentos, desde estudios de 4 hab. 59 679/73 390 Ft* ☕. Aunque el edificio es muy impersonal, su céntrica ubicación y la comodidad limpia y discreta de los pisos lo convierten en un punto base para recorrer la ciudad.

Más de 140 € (55 600 Ft)

🔟 **Corinthia Hotel** - **F4** - *Erzsébet körút 43-49* - Ⓜ *1 Oktogon,* 🚋 *4, 6 Király utca* - ✆ *(1) 479 4000 - www. corinthia.com* - ✕ - ♿ *- spa - 383 hab. 62 000/140 000 Ft* ☕. Tras la fachada imperio de este palacio de leyenda renovado (1896), un interior contemporáneo que juega la carta del lujo, la luz y la transparencia.

INFORMACIÓN PRÁCTICA

111

El paso del tranvía frente al Mercado Central.
mikeinlondon/Getty Images Plus

Planificar el viaje

Trámites de entrada

Documento de identidad - Para los ciudadanos europeos basta con un documento de identidad válido.

Visado - Los ciudadanos europeos no necesitan visado.

Aduanas - Según Acuerdo de Schengen, no se realiza ningún tipo de control al cruzar la frontera de cualquier país perteneciente a la Unión Europea (UE). Pero si llegas de fuera de la UE, debes pasar por la aduana y declarar las mercancías que traes contigo.

Viajar en avión

Budapest solo tiene un aeropuerto internacional:

Budapest Ferenc Liszt (*⊙ pág. 3*).

Líneas aéreas regulares

Desde España, unas 3 h de vuelo.

WizzAir - vuelos regulares directos desde Madrid y 2 vuelos diarios desde Barcelona. www.wizzair.com

Compañías de bajo coste

EasyJet - www.easyjet.com.
Ryanair - www.ryanair.com.

Dinero

Moneda - La unidad monetaria es el florín húngaro, ***forint*** (abreviatura nacional: **Ft**; internacional: **HUF**), convertible a un tipo de 410 Ft por 1 € a inicios del 2025.

Euro - Se sigue estudiando la posibilidad de ingresar en la zona euro. Debido a las fluctuaciones del florín húngaro, los precios en algunos sitios se indican en euros. Este es a menudo el caso de las habitaciones de hotel (recuerda llevar suficiente dinero en euros para pagar tu factura, ya que el tipo de cambio en los hoteles no es muy favorable).

Cambio - Se puede cambiar dinero en bancos, oficinas de cambio, agencias de viajes y hoteles. En el aeropuerto, también hay cajeros automáticos cerca de la recogida de equipajes (pero el tipo de cambio no es muy favorable). En ningún caso cambies dinero en la calle con personas que le ofrezcan tarifas atractivas «por debajo de la mesa»: el riesgo de ser estafado es muy alto y estas transacciones son ilegales.

⊙ «Bancos», pág. 114.

Tarjetas de crédito - En todas partes se aceptan tarjetas de crédito como Visa, American Express, Euro/MasterCard. El pago con tarjeta de crédito es muy habitual y cada vez es menos necesario llevar dinero en efectivo.

Cajeros automáticos - Indicados con el término *Bankomat*, hay muchos en Budapest. Los carteles suelen aparecer en varios idiomas, entre ellos inglés y alemán.

Clima

El clima en Hungría es continental, con veranos muy calurosos en los que las temperaturas pueden superar los 30 °C en julio y agosto, e inviernos rigurosos en los que las temperaturas diurnas permanecen a menudo bajo cero, sobre todo durante la mayor parte de enero. La primavera y el otoño son las estaciones más agradables en la ciudad Budapest.

☺ Durante los grandes eventos o acontecimientos, los hoteles pueden llenarse rápidamente.

Para saber más

Antes de ir

www.budapestinfo.hu/es es el sitio web de la Oficina de Turismo de Budapest.

spiceofeurope.es es la web oficial de Budapest de la Oficina de Turismo de Hungría.

visithungary.com/es es la web de la Oficina de Turismo húngara que ofrece información general sobre Hungría.

welovebudapest.com (en inglés):
bares, restaurantes, tiendas, locales nocturnos... Una web con información completa y fiable.

www.spottedbylocals.com (en inglés) recoge las mejores direcciones de Budapest.

En el lugar

Las oficinas de **Budapestinfo Point** están a disposición de los visitantes para facilitar información sobre los lugares, alojamiento, etc.

☺ Los planos de la ciudad están disponibles gratuitamente en varios idiomas.

Budapestinfo Point centro ciudad:
Városháza Park Hütte (Belváros, cerca de Deák Ferenc tér - **D5**) - de 09:00 a 19:00 h.

Liget Visitor Center (Dózsa György út - **G2**) - de 10:00 a 20:00 h.

Otros puntos de Budapestinfo:
Aeropuerto - Terminal 2A - de 08:00 a 22:00 h; terminal 2B - de 9:00 a 21:00 h.

Centro centro de llamadas -
✆ (1) 318 8718 - de 09:00 h a 19:00 h (en inglés).

Tu estancia de la A a la Z

Bancos

Tarifas de comisión - Las oficinas de cambio del centro de la ciudad y de las estaciones de tren suelen ofrecer las mejores tarifas. Los bancos cobran tasas de comisión moderadamente favorables, mientras que las de hoteles y aeropuertos son las más elevadas. Los cajeros automáticos son una forma práctica de «cambiar» dinero. Se cobra una comisión: consulta con tu banco antes de salir.

Algunos bancos en línea ofrecen tarjetas de crédito que permiten evitar el pago de comisiones en el extranjero.

Moneda - El florín dispone de billetes de 500, 1000, 2000, 5000, 10 000 y 20 000 Ft, y monedas de 5, 10, 20, 50, 100 y 200 Ft. Cuidado con el número de ceros, ¡hay gente deshonesta en todas partes! ⊙ *«Dinero», pág. 112, «Horarios», pág. siguiente.*

Bicicleta

La Isla Margarita, sin coches, es el lugar ideal para estirar las piernas. En la entrada hay empresas de alquiler de bicicletas.

También puedes hacer una visita guiada en bicicleta para combinar información y placer (⊙ *enfrente*).

MOL Bubi - www.molbubi.bkk.hu (en inglés). Las bicicletas verdes de autoservicio están disponibles en un centenar de estaciones, la mayoría en el lado de Pest. La cuota de inscripción es de 120 Ft, después 40 Ft/min.

Budapest Card

El abono turístico **Budapest Kártya/ Budapest Card** está recomendado para quienes deseen visitar numerosos museos y utilizar el transporte público sin restricciones dentro de los límites territoriales de la ciudad (más allá de este punto, deberás comprar un billete adicional desde el punto de partida presentando la tarjeta).

Las ventajas de esta tarjeta incluyen:
- Viajes gratuitos en transporte público (metro, autobús, trolebús, tranvía, trenes de cercanías HÉV); pero no en el funicular de Buda (⊙ *pág. 14 - Sikló*) ni en el telesilla (⊙ *pág. 76 - Libegő*) ni para el autobús 100 E hacia/desde el aeropuerto (⊙ *pág. 3*);
- Entrada gratuita o reducida a los principales museos y a numerosos lugares de interés cultural;
- Descuentos en determinados espectáculos, en ciertas tiendas, restaurantes, cafés, *pubs* y piscinas;
- Descuentos en determinados

¡Que no cunda el pánico!

Emergencias Europa: ☎ 112
Ambulancias: ☎ 104
Policía: ☎ 107
Bomberos: ☎ 105
Farmacia 24h/24: Teréz Patika - Teréz krt. 41 (**E3**) - ☎ (1) 311 4439
SOS dentista: ☎ (1) 317 6600

alquileres de coches y bicicletas en la Isla Margarita (Margitsziget).
La Budapest Card está a la venta en el aeropuerto, en las oficinas de Budapestinfo Point (ⓒ pág. 113), las principales estaciones de metro, agencias de viajes y *online* en: **www.budapestinfo.hu**.
Tarifas - 14 990 Ft (38 €)/24 h, 19 990 Ft (51€)/48 h y 25 990 Ft (66 €)/72 h.
Una vez que tengas tu tarjeta, no olvides fecharla y firmarla.
Te entregarán una breve guía con las ventajas que ofrece.

Correos
Los buzones suelen ser rojos y estar decorados con un cuerno de caza.
Los sellos se venden en las oficinas de correos. La tarjeta tarda entre 3 y 8 días en llegar a España.
Precio del sello para enviar una postal dentro de la UE: 1055 Ft.

Días festivos
- 1 de enero: Año Nuevo
- 15 de marzo: festivo nacional (aniversario de la Revolución de 1848-1849)
- Semana Santa: de Viernes Santo a Lunes de Pascua
- Pentecostés y Lunes de Pentecostés
- 1 de mayo: Día del Trabajo
- 20 de agosto: Fiesta de San Esteban (ⓒ pág. 30) y de la Constitución
- 23 de octubre: Día de la República (aniversario del levantamiento de octubre de 1956)
- 1 de noviembre: Día de Todos los Santos
- 25 y 26 de diciembre: Navidad

Electricidad
El voltaje es de 220 voltios, como en toda Europa continental.

Embajadas
Embajada de España - Eötvös utca 11/B, España ℘ 00 36 1 202 40 06 - https://www.spain.info/es/info/embajada-espana-en-hungria/

Fotos
¡Ojo!, en los museos hay que pagar por el derecho a hacer fotos y filmar (entre 500 y 2000 Ft).

Horarios
Tiendas: de lu. a vi. de 10:00 a 18:00 h. (sá. hasta las 14:00 h). Algunas tiendas permanecen abiertas los sá. por la tarde y los do., sobre todo los centros comerciales y lugares turísticos populares como el barrio del Castillo y la calle Váci. Las tiendas de alimentación suelen abrir de 07:00 a 19:00 h (sá. hasta las 14:00 h). Las pequeñas tiendas de alimentación abiertas las 24 h se identifican con el letrero «Non Stop».
☺ Casi todas las tiendas cierran el 26 de diciembre.
Bancos - de lu. a ju. de 08:00 a 17:00 h.; vi. de 08:00 a 14:00 h.
Museos y monumentos - de 10:00 a 18:00 h (algunos cierran los lu. y festivos).
Correos - de lu. a vi. de 08:00 a 18:00 h, sá. de 08:00 a 12:00 h. Oficinas cercanas a la Estación Nyugati (**E3**): Teréz krt. 51 - de 07:00 a 20:00 h, sá. de 08:00 a 18:00 h, cerrado do.

Prensa

Medios de comunicación

El mensual **Budapest Funzine** (www.funzine.hu - en inglés) ofrece información sobre actividades culturales y de ocio, así como las mejores ofertas del momento.

Propinas

Este servicio no suele estar incluido en los precios indicados en la carta (si lo está, *szerviz díj* está escrito en la tarjeta). En tal caso, deja un 10-15 % de la cuenta. No obstante, la propina queda bajo tu opinión.

Restauración

Siempre encontrarás un lugar donde comer, a cualquier hora del día. Hay varios tipos de restaurantes:
- **étterem**: restaurante clásico que ofrece menú y platos a la carta;
- **büfé**: comida rápida, servida en el mostrador (bocadillos, pasteles, bebidas frías y calientes);
- **vendéglő**: restaurante y brasería. En cuanto te sientes, te preguntarán qué deseas tomar mientras te muestran el menú.
☞ *«Para saber más», pág. 113.*
Una **comida tradicional** suele consistir en una sopa, un plato principal, un postre, una bebida y, por último, un café (a menudo te darán a elegir entre un *capuchino* y un expreso).
☞ *«Gulash y paprika», pág. 135, «Dónde comer», pág. 82, y mapa extraíble en el interior de la cubierta*

para ayudarte a encontrar los restaurantes seleccionados.

Tabaco

Solo los estancos (logotipo T en verde) venden cigarrillos.
Está prohibido fumar en los lugares públicos: restaurantes, cafés, *pubs*, medios de transporte y sus paradas.

Taxi

Hay muchos taxis en Budapest, tanto afiliados a empresas como independientes. El coste es de 1100 Ft y después 440 Ft/km. Hay que tener cuidado con el taxímetro, siempre

Goulash.

hay riesgo de estafa. Las siguientes compañías tienen buena reputación; su nombre aparece en el coche o en la luz de advertencia fijada en el techo. Para asegurarte de no tener problemas, puedes llamar a un taxi con antelación.

City Taxi - ✆ (1) 211 1111.
Főtaxi - ✆ (1) 222 2222.
Budapest Taxi - ✆ (1) 777 7777.
6X6 Taxi - ✆ (1) 666 6666.
☙ *«Llegar a budapest», pág. 3.*
La compañía **BOLT** (aplicación móvil) ofrece los mismos precios fijos reglamentarios que los taxis de Budapest mencionados anteriormente.

Teléfonos

Desde el extranjero
✆ 0036 para Hungría + 1 para Budapest.

Desde Budapest al extranjero
Desde Budapest a España: ✆ 0034.

Desde Budapest a la provincia
✆ 06 + prefijo de la ciudad + número del destinatario.

Desde el mismo Budapest
Marca solo el número de 7 cifras del destinatario (sin el prefijo de la ciudad). Ten en cuenta que, según la compañía, los números de móvil húngaros pueden empezar por (20), (30) o (70).

Tu móvil en Budapest
Desde 2017, ya no se aplican tarifas de *roaming* dentro de la UE. Las llamadas, los mensajes de texto y el acceso a internet se descuentan de tu paquete de la misma forma que cuando estás en tu país de origen. Sin embargo, algunos operadores siguen cobrando por las llamadas, así que compruébalo antes de salir.

Transporte público

Budapest cuenta con un eficaz sistema de transporte público gestionado por la BKK. Puedes descargar horarios y mapas en la web **www.bkk.hu/en**. Los autobuses, tranvías y trolebuses circulan generalmente entre las 04:30 y las 23:00 h, y el metro hasta las 23:50 h (00:30 h para las líneas M2 y M4 los viernes y sábados). Fuera de este horario, circulan autobuses nocturnos.
Ejes principales:
- En Buda: Batthyány tér y Szèll Kálmán tér;
- En Pest: Deák F. tér y Blaha L. tér.
☺ En esta guía, damos prioridad a la estación de metro o a la parada de tranvía más cercana al lugar que se va a visitar, ya que estos dos medios de transporte son los más fáciles de utilizar.
☙ *Llegar a budapest, pág. 3., y plano del transporte detrás de mapa extraíble.*

Billetes
Los billetes no se pueden comprar en los tranvías ni en los trolebuses, sino en las estaciones de metro (marcadas con la letra **M**), en los quioscos de prensa, en las taquillas de BKK situadas en los principales cruces

y en las terminales de línea, y a los conductores de autobús.

Los **billetes** pueden comprarse individualmente (450 Ft para el metro, 600 Ft al conductor del autobús - tendrás que recargar) o en bonos de 10 (4000 Ft). Los billetes deben sellarse (máquinas rojas o naranjas) en cada trayecto o cambio de línea de metro o tren HÉV, así como en el interior de los autobuses, trolebuses y tranvías. Atención: los billetes se comprueban sistemáticamente a la entrada del metro. El mismo billete puede utilizarse en el metro, independientemente del número de cambios, durante 1 hora. Para los transbordos entre autobús, tranvía, metro y trolebús, se necesita un billete especial de transbordo (530 Ft/30mn o 750 Ft/90mn). Existen **abonos** para viajar sin restricciones dentro de los límites de Budapest: 1 día, 2500 Ft; 3 días, 5500 Ft.

😊 Los niños (menores de 6 años) y las personas mayores (más de 65) viajan gratis en transporte público (previa presentación del DNI).

𝒢 Budapest Card, pág. 114.

Metro

En Budapest hay **cuatro líneas**: M1, M2, M3 y M4, cada una de las cuales se distingue por un color: M1 amarilla, M2 roja, M3 azul y M4 verde. La línea M1, conocida como «el pequeño metro», es la primera línea inaugurada en Europa continental; sigue prácticamente el trazado de Andrássy út, que une el centro de la ciudad con el Parque de la Ciudad (Városliget). Inaugurada en 2014, la ultramoderna línea M4 va

desde Gellért, en el sur, hasta Keleti Pályaudvar, en el norte.

Las puertas se abren y cierran automáticamente. El nombre de cada estación se anuncia en el vagón.

Los **controles** son frecuentes. Los inspectores no llevan uniforme, pero se les puede identificar por sus brazaletes rojos. Si te multan, pide un recibo.

En el metro, hay dos **señales** importantes: *bejárat* (entrada) y *kijárat* (salida). Las líneas se indican por su color y destino en cada andén correspondiente. Como algunas estaciones son relativamente profundas, las escaleras mecánicas pueden ser empinadas y rápidas. Ten cuidado con los empujones de los que suben o bajan.

Autobuses y trolebuses

Los primeros son azules, los segundos rojos. Los autobuses con un número negro paran en todas las estaciones, los autobuses con un número rojo o la letra E son exprés. Los nombres de las estaciones están escritos en cada parada. Las frecuencias se indican en carteles azules en todas las paradas (generalmente de 5 a 15 min según la hora del día).

A veces se anuncian las paradas. Pulsa el botón situado junto a la puerta para solicitar la parada, especialmente por la tarde y por la noche.

Tranvías

Los vagones amarillos (con una o dos excepciones) recorren toda la capital. A veces se anuncian las paradas. Hay dos servicios nocturnos.

Las líneas más utilizadas por los visitantes son:

- **4** y **6**: recorren el Gran Bulevar hasta Széll Kálmán tér;
- **2**: bordea el Danubio por el lado de Pest, desde Közvágóhíd hasta Jászai Mari tér (a poca distancia del puente y de la Isla Margarita);
- **19**: recorre el Danubio por el lado de Buda hasta el Puente Margarita.
- **60**: este tren de cremallera, el **Fogaskerekű**, es muy popular entre los habitantes de Budapest y va desde Városmajor hasta las colinas de Buda.

Barco-bus
La Compañía de Transportes de Budapest ofrece un **servicio regular** de 07:00 a 20:00 h (cada 30 min). Tarifa: 170 Ft.
D 14: muelles de Csepel-Királyerdő y Soroksár/Molnár-sziget.

HÉV
Trenes de cercanías. Las líneas son las siguientes (el primer nombre indica la estación de salida en Buda o Pest):
- **5**: Batthyány tér (metro 2)/Szentendre;
- **6**: Közvágóhíd/Ráckeve;
- **7**: Boráros tér/Csepel;
- **8**: Örs vezér tere (metro 2)/Gödöllő;
- **9**: Örs vezér tere (metro 2)/Csömör.

Funicular (*Sikló*)
☞ pág. 14.

Telesilla (*Libegő*)
☞ pág. 76.

Visitas guiadas
Varias agencias especializadas en **recorridos por la ciudad** clásicas o temáticas. Para más información, contacta con Budapestinfo Point (*☞ pág. 113*).

A pie

Absoluto Walking Tour - ℘ (1) 929 7506 - www.absolutetours.com. Varios recorridos temáticos desde 49 € (3,5 h con pausa para el café).
Zoltán Lengyel - ℘ (1) 259 5037 - www.budapestcolors.com/guide. Guía profesional de habla inglesa que ofrece un variado programa de visitas de medio día (históricas, gastronómicas, arquitectónicas, etc.) de medio día (110 €) o de día completo (220 €).

En bicicleta o en *Segway*
Yellow Zebra - Károly körút 16 (en el patio) - Ⓜ 2 Astoria - ℘ (1) 929 7506 - www.yellowzebratours.com. Precio: 45 € por un paseo en bici de 4 h con pausa para el café o 39 € por un paseo en *segway* de 1 h. También ofrece paseos en bici eléctrica.
BudaBike Tours - ℘ (1) 671 1274 - www.budabike.com - reservas 1 día de antelación Siete recorridos por la ciudad de 2,5 a 6 h (de 31 a 79 €), incluido uno nocturno y otro con degustación de *goulash*.

En autobús turístico
Big Bus Tours - Bajcsy-Zsilinszky út 17 - Ⓜ 1 Bajcsy-Zsilinszky út - www.bigbustours.com. Autobús de dos pisos con audioguías multilingües y 25 paradas a elegir, con posibilidad de subir y bajar a voluntad y un crucero por el Danubio. Abono de 1 día a partir de 34,20 €.
City Tour - Andrássy út 2 - Ⓜ 1 Bajcsy-Zsilinszky út - ℘ (1) 374 7050 - www.cityopentour.hu. Ofrece un recorrido de 3 h, incluida 1 h a pie hasta el Castillo de Buda (17 €, audioguía en inglés).
Cityrama - Báthory utca 22 - ℘ (1) 302 4382 - www.cityrama.hu. Recorridos de

3 h, desde 30 €.

En autobús anfibio

RiverRide - Széchenyi tér - ☎ (1) 332 2555 - www.riverride.com. Un autobús anfibio que recorre la ciudad y el Danubio, 34 €.

En barco turístico

Otra forma de descubrir las orillas de Buda y Pest desde el Danubio. Visita guiada sencilla, cena, concierto... La elección es tuya.

Legenda - Embarcadero núm. 7 - Vigadó tér - Ⓜ 1 Vörösmarty tér - Ⓣ 2 Vigadó tér - ☎ (1) 266 4190 - www.legenda.hu. Crucero diurno de 1 h (15 €, bebidas incluidas).

Mahart PassNave - Belgrád rakpart - Ⓜ 4 Fővám tér - Ⓣ 2 Fővám tér - ☎ (1) 84 4013 - www.mahartpassnave.hu.

Crucero nocturno 5000 € (1 h - bebidas incluidas).

En Trabant

Cityrama - ☏ *columna anterior.* Recorrido (3 h - recoger en la oficina de Cityrama o en el hotel si te alojas en el centro de la ciudad) con o sin conductor (en cuyo caso se requiere permiso de conducir), solo en inglés: 160 € para dos personas (visita privada).

Wifi

La buena noticia es que Budapest es una capital ultraconectada. La mayoría de bares, cafeterías, restaurantes y hoteles ofrecen wifi gratuito (pide el código si no está expuesto). ¡Incluso los barco-buses ofrecen wifi gratis!

Eventos y espectáculos

Eventos anuales

Abril
▶**Festival de primavera** - Música clásica y moderna, teatro, operetas, óperas, conjuntos folclóricos, *ballets* húngaros y extranjeros, películas. budapestitavaszifesztival.hu

Mediados de junio
▶**Carnaval del Danubio** - Festival internacional de danza y música (clásica, contemporánea, folclórica, mundial). dunakarneval.hu

▶**Noche de los Museos** - Actividades y entrada a los museos (de 18:00 a 01:00 h) - 3000 Ft. muzej.hu

Julio
▶**Festival de Música de Verano - Castillo de Vajdahunyad** (◉ *pág. 54*). Conciertos de música *klezmer*, gitana y clásica en el patio del castillo. www.vajdahunyadcastle.com

Agosto
▶**Festival Sziget** - Mediados de agosto. Con una docena de escenarios y una semana de duración, este festival de música al estilo de Woodstock atrae a jóvenes de todo el mundo a Óbuda, donde todo vale. ¡Sobre todo buena música! www.szigetfestival.com

▶**Festival de Arte y Artesanía** - En el distrito del Castillo de Buda. Los festejos culminan con las celebraciones del 20 de agosto, incluido el espectáculo de fuegos artificiales (◉ *pág. 30*).

www.mestersegekunnepe.hu
▶**Días Barrocos – Castillo de Gödöllő** (◉ *pág. 78*). Segundo fin de semana. Baile, espectáculos ecuestres y conciertos en el castillo. www.kiralyikastely.hu

Septiembre
▶**Festival de la Cultura Judía** - Conciertos, lecturas, danza, artes gráficas en varios lugares. www.zsidokulturalisfesztival.hu

▶**Festival Internacional del Vino** - Segunda semana. Feria, subasta, fiesta de la cosecha, conciertos en la plaza frente al Palacio de Buda.

▶**Jornadas Europeas del Patrimonio** – Tercer fin de semana. Jornadas de puertas abiertas, conferencias y conciertos en muchos lugares normalmente cerrados al público.

Octubre
▶**Festival de Arte Contemporáneo CAFe Budapest** – Arte contemporáneo experimental (películas, música, exposiciones). www.budapestioszifesztival.hu

▶**Fiesta de Liszt – Castillo de Gödöllő** (◉ *pág. 78*). Conciertos de música clásica. www.kiralyikastely.hu

Diciembre
▶**Concierto de la Gypsy Sounds Orchestra –** Gala el 30 de diciembre.

▶**Mercado navideño** – En el centro de la ciudad.

▶**Gala y Baile de Ópera** – El gran evento del 31 de diciembre.

Festival Sziget.

Exposiciones temporales

Además de los museos, las salas de exposiciones y galerías de Budapest ofrecen programas de exposiciones temporales.

Salas de exposiciones

Műcsarnok (Galería de Arte) - Arte contemporáneo (☞ *pág.53*).
Budapest Galéria (Galería de Budapest) - Arte contemporáneo (☞ *pág.74*).
Mai Manó Ház, Magyar Fotográfusok Háza (Casa Húngara de la Fotografía) - Exposiciones de fotografía (☞ *pág. 45*).
Robert Capa Kortárs Fotográfiai Központ (Centro Contemporáneo de Fotografía Robert Capa) - Excelentes exposiciones de fotografía (☞ *pág. 46*).

Galerías de arte

Maison Kogart - Andrássy út 112 - Ⓜ 1 Bajza utca - www.kogart.hu - todos los días excepto sá. y do., de 10:00 a 17:00 h.
Galerie Várfok - Várfok utca 11 y 14 - Ⓜ 2 Széll Kálmán tér - www. varfok-galeria.hu - de 11:00 a 18:00 h, cerrado do. y lu.
Galerie Godot - Bartók Béla út 11 - Ⓜ 4 Szent Gellért tér - www.godot.hu - de ma. a vi. de 10:00 a 14:00 h, y sá. de 10:00 a 13:00 h.

PARA SABER MÁS

125

Diseño de bordados húngaros.
Iprising/Getty Images Plus

Fechas clave

Siglos I-IV d. C. - Los **romanos** fundan la provincia de Panonia (Hungría occidental). Aquincum se convierte en una ciudad creciente.

Siglo V - Los **hunos** toman Aquincum.

Año 896 - Los **magiares** o húngaros cruzan los Cárpatos. El príncipe Árpád establece un campamento de verano en la Isla Csepel.

1241 - Buda y Pest son devastadas por las invasiones tártaras.

1243 - El rey **Bela IV** ordena construir el Castillo de Buda (☾ *pág. 14*).

1458-1490 - Durante el reinado de **Matías I Corvino**, Buda se convierte en la meca cultural de Europa.

1541 - Los **turcos** se apoderan de Buda.

1686 - Los ejércitos cristianos dirigidos por **Carlos de Lorraine** liberan la ciudad. Buda se convierte en guarnición del Ejército austriaco.

1825 - El conde István Széchenyi ordena construir el Puente de las Cadenas.

1848-1849 - **Revolución húngara** contra los Habsburgo.

1867 - Compromiso austrohúngaro y monarquía dual: el emperador **Francisco José** y su esposa **Sissi** son coronados reyes de Hungría.

1873 - Las ciudades de Buda, Pest y Óbuda se unen para formar Budapest.

1896 - Inauguración de la primera línea de metro (actual M1) de la Europa continental. Celebración del milenario de la conquista húngara.

1902 - Inauguración del Parlamento.

1920 - El Tratado de Trianón redefine las fronteras de Hungría, separada de Austria en 1918.

1944 - Régimen de terror de la Cruz Flechada, aliada de los nazis (☾ *pág. 64*).

1945 - El Ejército Rojo libera la ciudad.

1949 - Juicio y ejecución del ministro comunista **László Rajk**.

23 octubre-noviembre 1956 - Levantamiento popular. En noviembre, **Imre Nagy** volvió a la carga y anunció, entre otras medidas, la neutralidad del país y su retirada del Pacto de Varsovia. Los tanques soviéticos invaden la capital y acaban con la insurrección. Hay alrededor de 3000 muertes. La ciudad queda devastada y 200 000 húngaros abandonan el país.

1989 – Rehabilitación de Imre Nagy (ejecutada en 1958). Budapest prepara un funeral de Estado. El **23 de octubre**, la República Popular Socialista de Hungría se convierte en **República**. La estrella roja desaparece de los edificios públicos.

1991 - Las últimas tropas rusas abandonan Budapest.

2004 - Hungría ingresa en la Unión Europea.

A partir del 2010 - Recomposición del panorama político húngaro: el partido de derechas Fidesz, liderado por el primer ministro **Viktor Orbán** obtiene la mayoría en las elecciones. Viktor Orbán es reelegido en 2014, 2018 y 2022.

2020 - En respuesta a la crisis sanitaria mundial de la COVID-19, se ponen en marcha medidas drásticas para detener la propagación del virus.

2022 - Récord de inflación y caída del florín húngaro frente al euro.

2024 - Hungría asume la presidencia rotatoria del Consejo de la Unión Europea.

Urbanismo

Óbuda, Buda y Pest

La ciudad se fundó el siglo I d. C., cuando los romanos establecieron un campamento militar en Óbuda y una ciudad civil en **Aquincum** (◉ *pág. 75*) en la orilla derecha del Danubio. Las grandes invasiones expulsaron a los romanos y dieron paso a los hunos. Según la leyenda, la ciudad debe su nombre al hermano de Atila, a veces llamado Buda o Bleda. La ciudad siguió desarrollándose en la orilla derecha, con la construcción de la primera fortaleza en el espolón rocoso de Buda en el siglo XIII. Fue durante la dominación otomana, en el siglo XVI, cuando la población se concentró en Pest, en la margen izquierda. La mayoría de las iglesias de Buda se han convertido en mezquitas y los baños turcos se multiplican. En el siglo XIX, el conde **István Széchenyi** (1791-1860) puso en marcha varios proyectos urbanísticos, como el Puente de las Cadenas, el Teatro Nacional (en Pest) y la urbanización del Danubio. Bajo el mandato del popular José, se creó una comisión para el embellecimiento de Pest (1808), a la que le siguió un organismo menos eficaz para la mejora de Buda.

La edad de oro

A principios del siglo XX, bajo el Imperio austrohúngaro, Budapest se convirtió en una floreciente metrópolis industrial. Óbuda, Buda y Pest se unieron oficialmente en 1873. La población creció con la llegada de un gran número de judíos procedentes de Europa del Este, que se concentraron en el barrio Erzsébetváros en Pest. Ante el frenesí de la economía y el nacimiento de diversos proyectos, se lanzó un concurso urbanístico internacional para controlar el desarrollo de la capital. Se votan dos operaciones importantes: el trazado de la **Avenida Andrássy** (◉ *pág. 44*) y el Nagykörút (el Gran Bulevar). El reglamento se definió en 1894 y se iniciaron las grandes transformaciones de la ciudad. En 1896, con motivo de los mil años de ocupación de la cuenca de los Cárpatos por los húngaros, se montó una gran exposición nacional en Városliget (el Parque de la Ciudad). ¡Ese año se inauguró el primer metro de Europa! Este período alcanzó su apogeo en 1902, con la construcción del imponente **Parlamento** (◉ *pág. 38*), inspirado en gran medida en el de Londres.

Los años oscuros

Con la caída del Imperio austrohúngaro tras la Primera Guerra Mundial, los años de bonanza pasaron a la historia. Durante el régimen autoritario del almirante Miklós Horthy, Budapest recuperó parte de su intensidad anterior a la guerra. Sin embargo, este respiro duró poco, ya que pocos años después, el dominio nazi trajo el terror a Budapest. Los años de guerra destruyeron todos los puentes, el Castillo de Buda y el casco antiguo, que no se reconstruyó hasta la década de 1960.

Durante la era comunista, la industrialización precipitada y forzosa hacinó en Budapest a una quinta parte de la población del país, lo que provocó una escasez de viviendas y una contaminación que aún hoy son graves problemas para la capital. Los escasos programas de construcción de viviendas se llevaron a cabo de forma aparentemente desorganizada.

El despertar de un ciudad

Desde la caída del Muro de Berlín y la democratización del país, la ciudad vuelve a estar en movimiento. Se han retirado los símbolos comunistas de los edificios oficiales y poco a poco se está cambiando el nombre de las calles. El tráfico se ha facilitado con un paseo exterior y han surgido grandes proyectos, sobre todo en los sectores hotelero, comercial y de servicios. Pero Budapest no tiene una política urbana a la altura de una capital. Por ejemplo, la construcción del Teatro Nacional fue objeto de un concurso nacional. Comenzó en la Plaza Deák tér y se interrumpió tras las elecciones de 1998. Este teatro, inaugurado en 2002, está cerca del Puente Rákoczi, en el lado de Pest. Forma parte de un nuevo distrito creado en un terreno reservado en el marco del gran proyecto de exposición universal Expo 96.

Urbanismo «privado»

Desde la década de 1990 se está llevando a cabo un importante programa de restauración de las zonas de Buda y Pest. Especialmente en una parte de **Belváros** (entre Szabad S. út y József A. utca). El lavado de cara de la calle Deák se debe a su propietario, el empresario húngaro Péter Csipak. En **Erzsébetváros**, muchas reconstrucciones son obra de inversores extranjeros.

Entre los arquitectos contemporáneos surge a menudo el nombre de **József Finta**. Ya era conocido antes del cambio de régimen por haber construido grandes hoteles a orillas del Danubio. En Erzsébet tér, József Finta y Antal Puhl Associés diseñaron el Kempinski Hotel Corvinus, con una arquitectura contemporánea que no pasa de moda. También el edificio situado en la calle Teve, que alberga los servicios de policía, es gracias a Finta.

El **Instituto Francés** (☾ pág. 36), diseñado por el francés Georges Maurios, se inauguró en 1992 a orillas del Danubio. Los húngaros lamentan que «dé la espalda al Danubio». Su color encaja en el contexto urbano y su revestimiento lo protege de la contaminación.

En el siglo XXI aparecen edificios como la sede del **Banco ING** (☾ pág. 49) o el centro comercial **Bálna** (☾ pág. 69). Desde 2022, el **Parque de la Ciudad, o Városliget** (☾ pág. 50) se ha ido transformando poco a poco hasta convertirse en un importante atractivo cultural gracias a la construcción de museos y espacios de ocio ultramodernos.

Secesión y *art nouveau*

Un impulso de modernidad

La segunda mitad del siglo XIX está marcada por varios acontecimientos importantes que son el origen de una notable oleada de modernidad en Budapest: en 1867, después de dos siglos de dominación austriaca, Hungría fue finalmente reconocida como nación independiente; 1873 es el año del nacimiento de Budapest y 1896, el año de su milenio. La ciudad es próspera, la industria es dinámica, la población aumenta, el nivel de vida es alto y los intercambios intelectuales son numerosos, en particular con la creación de numerosas escuelas, teatros y una ópera.

El mundo tiene los ojos puestos en Budapest: se han iniciado grandes obras, como la primera línea de metro de Europa continental, la bolsa de valores más grande del mundo, el Parlamento más grande del mundo, el puente más grande del mundo, el de Erzsébet.

Con la recuperación se desarrolló un profundo espíritu nacionalista. Todo ello resultó en la glorificación de los acontecimientos heroicos nacionales y encuentra su expresión en un academicismo romántico y un clasicismo idealizador. *La Conquista* de Mihály Munkácsy, expuesta en el Parlamento de Budapest, es un ejemplo representativo de este arte oficial.

Crear un arte nacional

A principios de siglo, este «historicismo» académico fue rechazado en gran medida por la comunidad artística húngara. El 1896 fue verdaderamente el año del lanzamiento de la arquitectura secesionista: la celebración del milenio debía ser la ocasión para la expresión de un arte nacional basado en los orígenes del pueblo húngaro. El arte se convierte en el medio de expresión de las ideas sociales, éticas y utópicas de los artistas y prepara la sociedad del mañana. Varias nuevas tendencias artísticas, vinculadas a la evolución del arte en Europa, pasaron por Hungría: el naturalismo y la pintura al aire libre, el *art nouveau* y el simbolismo. Hungría está en pleno apogeo y esa renovación artística es fruto de varias experiencias individuales. Los estilos a veces son completamente opuestos, pero encuentran su unidad en el rechazo del academicismo.

Art nouveau, expresión de la modernidad

El *art nouveau* explotó y se convirtió en el mejor medio de expresión de esta modernidad. Si bien forma parte de la moda internacional, tiene un carácter típicamente húngaro. En arquitectura, el estilo *art nouveau* húngaro, llamado Secesión *(Szecesszió)*, está inspirado en la arquitectura medieval y popular de la redescubierta Transilvania y la arquitectura de Escandinavia. El pionero es sin duda el famoso arquitecto húngaro **Ödön Lechner** (1845-1914). A partir de la década de 1890, estableció un nuevo estilo arquitectónico, que se remonta a los orígenes del pueblo húngaro de Oriente. Los motivos y formas arquitectónicas de Oriente y el arte popular del campo, en particular los tapices húngaros, alimentan su inspiración. Utiliza mayólica producida por la famosa industria **Zsolnay** de Pécs para la ornamentación de tejados y fachadas adornadas con «un traje nacional ricamente decorado con bordados».

Con el **Museo de Artes Aplicadas** (*pág. 66*), construido entre 1891 y 1896, afirma su estilo, al margen de los diseños clásicos de la época. Oriente, que evoca los orígenes asiáticos del pueblo húngaro, está muy presente en sus primeras construcciones modernas de acero: el vestíbulo de entrada al museo está decorado con cerámicas con motivos orientales, la espectacular sala de exposiciones está rodeada de dobles arcadas islámicas, la cúpula y los tejados con azulejos de colores también evocan Oriente.

La influencia de Viena

La Secesión vienesa influyó fuertemente en algunos edificios de Budapest como es el caso del **Palacio Gresham** (*pág. 42*) y del **Balneario Gellért** (*pág. 32*).

Esta influencia la encontramos en la obra de Lechner: las formas orgánicas, las líneas elegantes y fluidas de la entrada principal del **Museo de Artes Aplicadas** son típicamente *art nouveau*,

igual que la **Caja de Ahorros de Correos**, construida entre 1899 y 1902 (*pág. 41*). La fachada está decorada con mosaicos con motivos vegetales, de gran maestría técnica y artística. El techo de mayólica está invadido por motivos florales y animales. Las referencias mitológicas son omnipresentes y reflejan el espíritu nacionalista en boga: así, la cabeza de toro remite a la leyenda húngara del tesoro de Atila.

Cada uno a su estilo

A partir de 1905 la arquitectura adquirió un carácter social. La nueva generación de arquitectos, que se basaban en las investigaciones de Ödön Lechner, se centra en los problemas técnicos y de higiene. Su objetivo es crear un entorno mejor en perfecta armonía con la naturaleza, como se expresa en el arte popular húngaro.

Béla Lajta (1873-1920) combinó el *art nouveau* húngaro y la arquitectura de ladrillo típicamente escandinava en el Instituto para Judíos Ciegos (1905-1908). También mezcla motivos tradicionales húngaros con elementos arquitectónicos más modernos, como en la fachada de la **casa Rózsavölgyi** (*pág. 60*).

Karoly Kós 1883-1977) restablece la continuidad con el pasado con referencias al pueblo húngaro y a los hunos. El **zoológico** de Budapest (*pág. 54*), diseñado por Dezső Zreumeczky en 1908-1909, dispone de construcciones de madera de estilo medieval que reflejan las formas arquitectónicas típicas de Transilvania (torretas, capiteles y balcones), remodeladas según su imaginación.

Caja de Ahorros de Correos, arquitectura de Secesión.

También en pintura

Esta idea de comunión con los elementos concierne a la comunidad artística. Así, las obras del pintor húngaro **Karoly Ferenczy** (1862-1917) desarrollaron un acercamiento lírico a la naturaleza donde el hombre evoluciona en armonía con ella. Da al arte un significado espiritual que lo acerca al movimiento simbolista europeo. En *Los tres reyes magos*, de 1899, expuesto en la **Galería Nacional Húngara** (*pág. 17*), el hombre se une a la naturaleza y la atmósfera es mística y propicia para los milagros.

Simón Hollósy (1857-1918) encontró su expresión en la pintura al aire libre, siguiendo el modelo de los impresionistas franceses, y se inspiró en los paisajes de Transilvania.

Los balnearios

Lugares importantes de la vida social

Sin duda te sorprenderá ver a muchas personas que, muy temprano por la mañana o por la tarde, llevan una pequeña bolsa de plástico en la mano. Estas personas se dirigen a los balnearios (abiertos desde las 06:00 h) o regresan, y en ellas llevan champú, jabón y efectos personales.

Los balnearios, que recuerdan a la época romana y la ocupación otomana, forman parte del día a día de los habitantes de Budapest y de su estilo de vida saludable. La gente acude a las termas para tratar dolores o dolencias, charlar, leer, jugar al ajedrez o simplemente relajarse.

Hidratación y bienestar

Es cierto que hay una auténtica sensación de bienestar después de un baño de este tipo, que puede terminar con un baño de vapor, una sesión de masaje y una buena ducha. La sensación de haber «descomprimido» es evidente y puede invadirte de repente un poco de hambre. No te vayas de Budapest sin haber probado la experiencia, aunque solo sea para apreciar alguno de los magníficos establecimientos.

Un ritual milenario

La región de Budapest es muy rica en aguas termales. Había alrededor de un centenar de termas, algunas de ellas abastecen a los balnearios de la capital. Las virtudes curativas de las aguas no escaparon a los romanos, quienes hicieron gran uso de ellas; los restos de los baños termales en **Aquincum** son la prueba (*C pág. 75*).

En el siglo XVI, los turcos, que ocuparon Hungría durante más de un siglo, crearon baños públicos y construyeron balnearios, pequeñas maravillas arquitectónicas que hoy se mantienen con mucho cuidado.

Evidentemente, no podemos enumerar todos los balnearios, piscinas o complejos de baños de Budapest, por ello ofrecemos en esta guía los nombres de los más conocidos y los que nos parecen más representativos por su arquitectura:

Gellért (*C pág. 105*);
Rudas (*C pág. 105*);
Király (*C pág. 106*);
Lukács (*C pág. 106*);
Széchenyi (*C pág. 106*).

Tradiciones musicales

Del folklore

Desde 1750, la vida musical húngara ha estado dominada por un nuevo estilo heroico, los **verbunkos**, «danza de reclutamiento», acompañada de música gitana. Este estilo pervive en la **zarda (csárdás)**, que todavía se baila en la actualidad. A finales del siglo XVIII, los músicos de Budapest pertenecían a un gremio e interpretaban obras religiosas, música para la escena u óperas contemporáneas. También ofrecían música húngara y los grupos gitanos acompañan las danzas folclóricas con el violín.

De grandes compositores

Quizá el más famoso de todos los compositores húngaros fue **Ferenc Liszt** (1811-1886), que se inspiró en las melodías populares húngaras. Entre otros, compuso poemas sinfónicos como *Los preludios* (1854), las célebres *Rapsodias húngaras* (1846-1885) y sus *Retratos históricos* (1884-1886), obras en las que este genio de la partitura rinde homenaje a su país.
Ferenc Erkel (1810-1893) fue el compositor de la ópera *Hunyadi László*. Alcanzó el pico de su actividad artística en 1860, con motivo del estreno de su ópera. *Bánk bán*. También compuso la música del himno nacional.

Bela Bartók (1881-1945) y **Zoltán Kodály** (1882-1967) recurren a las fuentes de la música folclórica para desarrollar su estilo personal. La fama de Bartók viajó por todo el mundo, mientras que la fama de Kodály fue más específicamente húngara con el hermoso *Psalmus Hungaricus* (1923) celebra los 50 años del encuentro de Buda con Pest.
La opereta húngara es reconocida mundialmente con **Imre Kálmán** (1882-1953), quien logró su primer éxito en 1908 con *La invasión de los mongoles*. Como valor inmortal de este género está *La viuda alegre* de **Ferenc Lehár** (1870-1948).

De hoy...

Muchas salas de conciertos de Budapest programan música clásica. Pianistas de renombre como **Dezső Ranki** y compositores como **György Ligeti** (1923-2006) representan el duende musical húngaro.
La música folclórica sigue siendo muy vibrante, tanto en la capital como en el panorama internacional, gracias a **Muzsikás** y a su cantante **Márta Sebestyén**, que también lleva una carrera en solitario.
Budapest también se ha convertido en un escenario europeo para la música contemporánea, concretamente en la música **electro**, reafirmando así su capacidad creativa en el ámbito musical.

Cafés literarios y grandes cafés

«¡Mi café, es mi castillo!»

La moda por los cafés, que más tarde se convirtió en una auténtica cultura, llegó con los turcos en el siglo XVI. En la época del cambio de milenio (1896), Budapest contaba con unos seiscientos cafés. A principios de siglo XX, como Viena o París, vivió la gran era de los cafés literarios. En 1914, Dezső Kosztolányi escribió en *Füst*: «El inglés declara con excesivo orgullo: ¡Mi casa es mi castillo!, el de Budapest con igual orgullo puede responder: «¡Mi café es mi castillo!». Para muchos habitantes de Budapest que viven hacinados, los cafés son un verdadero hogar.

Un ambiente literario

Hogar de literatos y periodistas en el siglo XIX, los cafés desempeñaron un papel determinante en la literatura húngara, convirtiéndose incluso en salas de redacción. En cuanto a los grandes cafés que acogen a la burguesía local, permanecen abiertos día y noche, en particular los situados en las calles: Andrássy út y Rákóczi út. La gente acude allí para charlar, leer periódicos y revistas en diferentes idiomas disponibles o jugar al billar.

Los supervivientes

Tras la Primera Guerra Mundial comenzó un período de decadencia. El número de cafeterías está disminuyendo drásticamente, creando un profundo sentimiento de ausencia entre la población.

Después de la Segunda Guerra Mundial, varios cafés como Belvárosi reabrieron sus puertas, pero ni punto de comparación como en la gran época. Lo que Jenő Heltai expresa muy bien en *Szemtanú* en 1949: «Cuando reflexiono sobre la deplorable tragedia de los cafés, sobre la forma en que florecieron y luego se marchitaron, tengo la impresión de ser un poco como el legendario Rip van Winkle, que contempla el mundo que lo rodea al despertar de un sueño de veinte años. El anciano busca en vano los cafés donde fue joven, donde se sentía como en casa. [...] Los cafés han pasado de ser estrellas a ser figurantes».

Algunos lugares como el famoso **Gerbeaud** (*℃ pág. 61*) o el **Café New York** (*℃ pág. 64*) todavía nos permiten hacernos una idea de cómo eran estas instituciones en su época de apogeo.

Goulash y paprika

Generosa y especiada, pero dulce al paladar, la gastronomía húngara resume un largo viaje, el de los magiares procedentes de Asia. A sus tradiciones nómadas se añadió una mezcla culinaria: la de los turcos, los bávaros, los búlgaros… Hasta la impronta austrohúngara, que culmina en el arte de la pastelería, aunque hoy en día los habitantes de Budapest muestran pasión por los kebabs, las pizzas y las hamburguesas.

Los platos

Ingredientes – La cocina popular se caracteriza por el uso del «rojo», y la adición muy generosa de cebollas que constituyen la base de una salsa con **paprika** rojo: especia omnipresente, hasta el punto de que «paprikás» es el nombre que reciben todos los platos que realza esta salsa, en particular pescados, aves y ternera.

Aperitivos - Los *pogácsa* son pequeños *brioches* crujientes y salados elaborados con harina de trigo o de patata, que llevan manteca de cerdo y queso o especias. El *lángos* es un pequeño pan plano elaborado con las mismas harinas y cocido en aceite; lo comemos para llevar, untado con ajo, con crema agria, queso…

Entrantes - La **sopa** es la más destacada, como la abundante *Jókai bableves*, una sopa de frijoles aderezada con tiras de cerdo y salchicha ahumada. El *hortobágyi húsos palacsinta* es una **crepe** de espesor, adornado con carne y cebolla.

Sopas y carnes – El plato húngaro más famoso es el *gulyás*, una verdadera **sopa de carne de res** con cebolla y pimentón, acompañada de patatas y zanahoria.
El *goulash*, que se llama *pörkölt*, es un **guiso** de carne estofada, tomates y pimientos verdes, en el que se percibe con fuerza el sabor de la cebolla.
En el ***tokány***, otra versión del guiso, el pimentón se sustituye por pimienta. Igual de popular, el jarrete de cerdo asado (*csülök*) es el centro de atención en los pequeños restaurantes.
En la gran llanura húngara ofrecen sus **aves**: el pollo con pimentón (*csirkepaprikás*) es una especialidad imperdible, al igual que la sopa de pollo (*újházi tyúkhúsleves*), preparada con guisantes, champiñones, zanahorias y pasta. En cuanto al ***foie gras***, se sirve en forma de chuleta, o bien se fríe en dados grandes, en la propia grasa de la oca, y se condimenta con ajo y cebolla.
Las **salchichas**, entre las que destaca el salami, están disponibles en infinidad de opciones.

Verduras – Muy a menudo, los platos se sirven con arroz, pasta casera (*galuska*) o pequeñas **empanadillas tostadas** (*tarhonya*), una mezcla de harina y huevos. Por otro lado, el consumo de verduras no se ha convertido realmente en parte de las costumbres, salvo en los restaurantes de lujo.
La **ensalada**, cuando aparece en el menú, se compone de pepinos, col macerada o pimientos encurtidos.

Pescados – El más famoso es la

lucioperca plata o fogas. Otro pescado habitual es, el **esturión** (*tok*) se pesca en el Tisza. Más común, el **carpa** (*ponty*) se come empanado o «a la serbia», espolvoreado con pimentón. El *halászlé* es una **sopa** compuesta exclusivamente por peces de agua dulce, entre ellos carpas, bagres y lucios. Esta sopa tiene carácter: los húngaros añaden gustosamente un pimiento cortado en trozos. En algunos restaurantes, especialmente en verano, se prepara al aire libre, en enormes calderos, y a menudo se sirve muy condimentado.

Postres y dulces

Crepes - Las *palacsinta* se presentan de mil maneras, rellenas de requesón, avellanas, mermelada de albaricoque... **Bizcochos** – Los pasteles de amapola, manzana o nueces son una tradición centroeuropea. El volumen de requesón (*túró*) parece modesto, en comparación con la tarta Dobos, inventada por el famoso pastelero József Dobos: una cremosa tarta de moca en la que cada porción está decorada con una oblea de naranja caramelizada. El *rigó jancsi* es un hojaldre de chocolate relleno de nata montada de chocolate. Nadie se resiste al **bizcocho** (*somlói galuska*), cremoso de ron relleno de nueces y pasas y cubierto con nata montada. *Rétes* es una especie de milhojas rellena con manzanas, requesón, semillas de amapola, nueces o cerezas. También es popular el *túró rudi*, requeso recubierto de chocolate. El **«pastel chimenea»** (*kürtőskalács*) es un *brioche* cilíndrico cocinado en un asador. Pruébalo solo o cubierto con azúcar o chocolate. Y no te vayas de Budapest sin probar los *krémes*, un bizcocho cuadrado elaborado con crema con sabor a vainilla rodeado por dos capas de hojaldre.

Vinos y alcohol

Los **vinos** – Hungría, donde se introdujeron las primeras variedades de uva en la época romana, es la región vitivinícola más grande de Europa Central. El *tokaj*, un néctar dulce de color dorado, es el vino húngaro más famoso. lo mejor es el *tokaji aszú*, un néctar suave y excepcionalmente dulce que se encuentra entre los vinos más famosos del mundo. Producido desde el siglo XVI, fue el primer vino de postre obtenido a partir de uvas deshidratadas. Los vinos tintos de la región de **Villány** también son muy famosos.

El **aguardiente** – Los húngaros rara vez beben vino al mediodía, pero sí mucho **brandy**, como la **Barackpálinka**, que es de albaricoque de Kecskemét, y es el alcohol nacional por excelencia. La *puszta* es el cóctel que se obtiene mezclando vino de Tokaj, alcohol de albaricoque y licor perfumado. **Unicum**, un alcohol de color marrón, especiado y ligeramente amargo, procede de la destilación y mezcla de 40 plantas medicinales. Su éxito se remonta a 1790, cuando se dice que trató al emperador de Austria José II.

La **cerveza** – La cerveza (*sör*), de barril o embotellada, está muy extendida. Entre las marcas nacionalesestán Dréher, Soproni, Borsodi.

Créditos fotográficos p. 4-5
(de izquierda a derecha y de arriba abajo)

Andrey Danilovich/Getty Images Más
R. Harding/hemis.fr
B. Gardel/hemis.fr
R. Mattes/hemis.fr
alle12/Getty Images Más
ZoltanGabor/Getty Images Más
H. Dobler/imageBROKER/age fotostock
brunocoelhopt/Getty Images Más
alvarobueno/Getty Images Más
Sergdid/Getty Images Más

Colección editada por Philippe Orain

Redactora jefe de la guía :	Hélène Payelle
Secretario de redacción	Karine Barou
Editor	Juliette Tissot, François Capelani, Michel Guillot, Guylaine Idoux, Anath Klipper, Zoltan Lengyel, Marie Lionnet, Catherine Zerdoun
Colaboradores de esta guía	Theodor Cepraga, Gabriel Valentin Dragu**(Cartografía)**, Véronique Aissani, Carole Diascorn**(Portada)**, Marie Simonet, Marion Capéra**(Iconografía)**, Bogdan Gheorghiu, Cristian Catona, Hervé Dubois, Pascal Grougon, Sandrine Tourari**(Preimpresión)**, Dominique Auclair**(Dirección)**
	Mapas: © MICHELIN 2024
Diseño gráfico	Laurent Muller, Marie-Pierre Renier, Hervé Dubois (interiorismo) Véronique Aissani, Marie-Pierre Renier (portada)

Titulo original: *Budapest*
© 2025 MICHELIN Éditions, todos los derechos reservados

Para la edición española:

WS whitestar™ es una marca
propiedad de White Star s.r.l.

© 2025 White Star s.r.l.
Plaza Luigi Cadorna, 6
www.whitestar.it

Traducción: Ormobook

ISBN 978-88-540-5786-9
1 2 3 4 5 6 29 28 27 2b 25

Impreso en Eslovenia